心のゾウを動かす方法

著者 竹林正樹
Takebayashi Masaki

扶桑社

はじめに

日本が高度成長期の頃、「わかっちゃいるけど、やめられない」というフレーズが流行りました。これは人間の習性を的確に言い表しており、私の大好きな言葉です。野口英世は留学費用の大半を芸者遊びに使ってしまい、福沢諭吉も酒をやめられず、最後は「ビールは酒ではない」という言い訳までして、ビールを飲み続けました。日本を代表する知識人でも、わかっちゃいたけどやめられなかったことがあったようです。時は流れ、社会も経済も大きく変わり、科学技術も大きく進歩しました。しかし、私たちは今でも正しいことを頭ではわかっているのに、なかなかその通りの行動ができません。人の本質はそんなに変わらないようです。

「玄関で靴を脱ぎっぱなしにする」「医療現場では特定の職員ばかりが残業をする」「消毒液を置いてあるのにほとんどの人が使わない」……。玄関では靴をそろえたほうが気分良く、医療従事者の残業が続くと医療事故に繋がり、手を消毒しないと感染症のリスクが高まることは、誰もが知っています。注意喚起の放送や張り紙をしても、あまり効果が見られません。個別に説得しようとすると、時間がかかる上に、喧嘩になることもあります。「違反したら罰金」とするにも、合意形成してルールを作るのに時間がかかりますし、違反者がいないかを見張るのも大変で、違反した人とトラブルになるかもしれません。人の行動を変えるというのは、実に難しいものです。

私も以前は親切心で周りの人に苦言を呈したら、相手が激怒することがあったので、「放っておくのが本人のため」と思っていたら、手遅れになることもありました。私はどうしてよいか途方に暮れ、もはや人付き合いを避けたほうがよいとさえ思ったこともありました。

しかし、米国の大学院で行動経済学と出合い、「人の直感は象のように大きくパワフルだが面倒くさがり屋な面があり、制御が難しい」ということを知った時から、私のコミュニケーションのあり方は大きく変わりました。私たちが野生の象と接しようとする時は、事前に象の習性を調べ、実際にその象の行動をよく観察して、入念に準備してから少しずつ近づきます。そうしないと、象が大暴れしてしまうからです。でも、象のような存在であるはずの「直感」に接する時は、あまり考えずに無防備なまま駆け寄っていきます。これでは相手の直感が大暴れしても仕方がないです。行動経済学は、直感を象に見立て、象とどう付き合っていけばよいのかを教えてくれます。世界の研究から、象（直感）は、時間帯によって話の受け止め方が変わり、話の最初と最後の印象を強く持つことが明らかになってきました。このような象の習性を知ると、人との接し方も見えてきます。

行動経済学の研究が進み、わかっていてもやめられない行動の背景にある共通の習性が解明されてきました。この習性をうまく制御したり刺激したりして、望ましい行動へと促す方法が「ナッジ」です。ナッジは「そっと後押しする」「ひじで軽くつつく」という意味の英語で、提唱者のリチャード・セーラー教授はノーベル賞を受賞しました。身近にナッジが使われる場所に、男子トイレの小便器に貼られたマトがあります。小便器はどうしても一定割合で汚す人がいます。足元が汚れている小便器があると、次に使う人も離れて用を足そうとするので、ますます汚れやすくなるという、負のスパイラルが生じます。「トイレをきれいに」と書いてもあまり効果はありません。ここで、小便器に「マト」のシールが貼ってあると、自然にそこを狙いたくなり、結果としてトイレはきれいになります。私たちは説得的な言葉よりも、直感（象）に訴えるデザインを見た時のほうが自発的に行動するようです。

私は人の行動を観察して分析する時には、統計の手法を使います。しかし、行動経済学の専門家以外の人に伝える場合は別です。本書は、行動経済学を学んだことのない人でもストレスなく読み進められるように、専門用語や数式を使っていません。本書は、金田侑大さん（北海道大学）と難波美羅さん（慶應義塾大学）という医学部生とともに執筆しました。この2人が行動経済学の難解な概念を解きほぐしてくれたおかげで、楽しみながら皆様の知識欲を後押しできる本ができあがりました。ナッジは直感の習性に沿ったアプローチ方法で、ユーモアがあり、そして可能性に満ちています。私はナッジを学んでから、人生が明るいものに変わりました。あなたもナッジの魅力のとりこになると確信しています。

ナッジの世界へ、ようこそ。

著者を代表して　**竹林正樹**

登場人物

賢い象使い
（理性）

賢くて落ち着いているけれど、出現には エネルギーが必要なので、滅多に出てこない

象（直感）

働き者だけれども、本能的で力が強く、自分が大好きでせっかちで面倒くさがり屋な習性（認知バイアス）を持つ

イラスト／すなやまえみこ

目次

CONTENTS

第1章　なぜ正しい行動ができない？

1　知識と行動にはギャップがある

正しい行動ができないのは、個人の努力不足だけのせいではありません。「はじめに」で紹介したように、日本を代表する偉人たちでも、正しい行動ができないこともありました。偉人たちを努力不足と咎める資格のある人は、ほとんどいないはずです。

「正しい行動」として真っ先に思いつくのは、健康です。バランスの良い食生活、適度な運動、十分な睡眠、禁煙。これらが望ましいものであることは、多くの人が認めるところです。では、なぜ多くの人は健康行動をしないのでしょうか？

それは健康に関する知識が乏しいからかもしれませんし、メリットを感じないからかもしれません。しかし、仮に正しい健康情報を得て、メリットを感じたとしても、必ずしもその通りの健康行動をするわけではないのです。

これをイメージするためには、命に関わるような究極の場面を想定するのがわかりやすいです。乳がん検診をケースに考えてみます。

乳がんは早期発見できると治る病気です。ステージ1で発見できると、5年後の生存率は99%ですが、ステージ4だと39%まで下がります[1]。

そして、早期発見のために重要なのが、乳がん検診で、無料で受けることができる場合も多くあります。

では、「乳がんは検診で早期発見できます」「無料です」と伝えると、大勢の人が検診を受けるようになるのでしょうか?　次の問1―1を考えてください。

問１－１

2004年（平成16年）、2005年（平成17年）の段階では乳がん検診受診率も、乳がん検診有用性の認知度もそんなに高くありませんでした。そこでピンクリボンキャンペーンを中心とした意識啓発を行ったところ、2007年（平成19年）には、認知度は70%まで高まりました。啓発は成功しました。では、受診率はどうなったでしょうか？

図1 乳がん検診受診率と検診有用性の認知度[2]

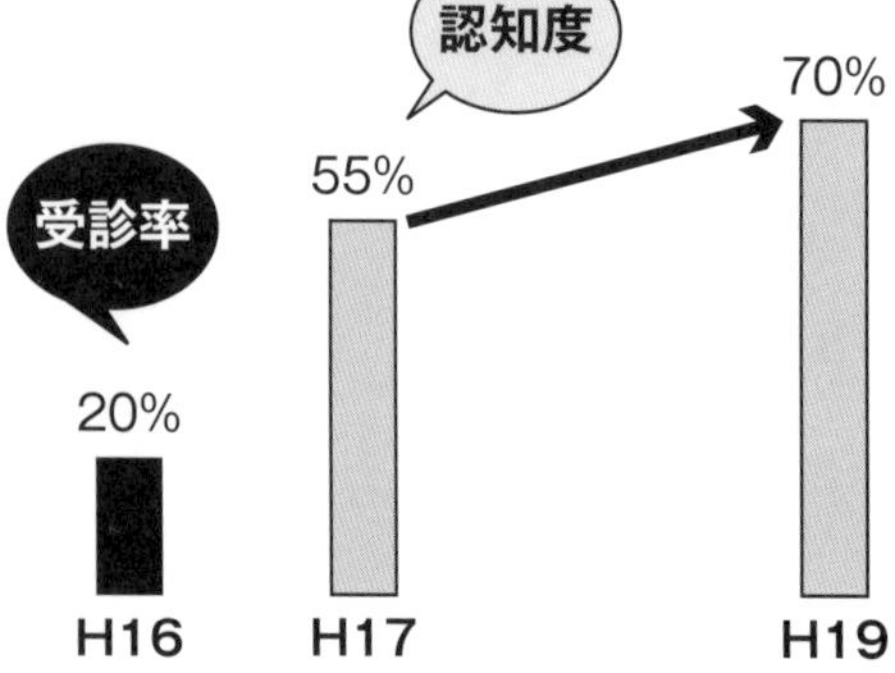

正解は「ほとんど変わらなかった（19・8％↓20・3％）」です。つまり、「知識はあるけれども受診しなかった人」が50％へと増えた[2]のです（図2）。それを踏まえて問1－2を考えてください。

図2 乳がん検診受診率と検診有用性の認知度

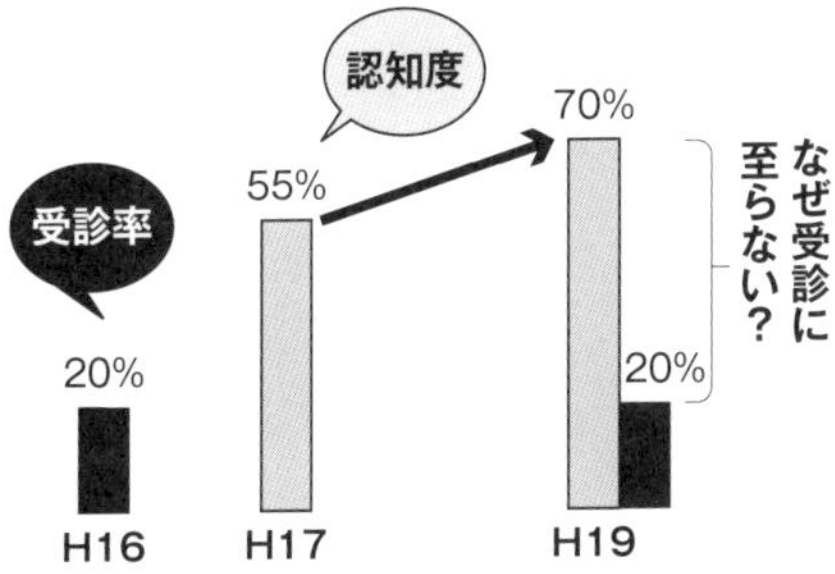
受診率
認知度
20%
55%
70%
20%
なぜ受診に至らない?
H16
H17
H19

問1－2

2007年、政府はがん検診未受診理由を調査しました。未受診理由の2位以下は図3の通りでした。では、1位は何だったでしょうか？

図3 未受診理由[2]

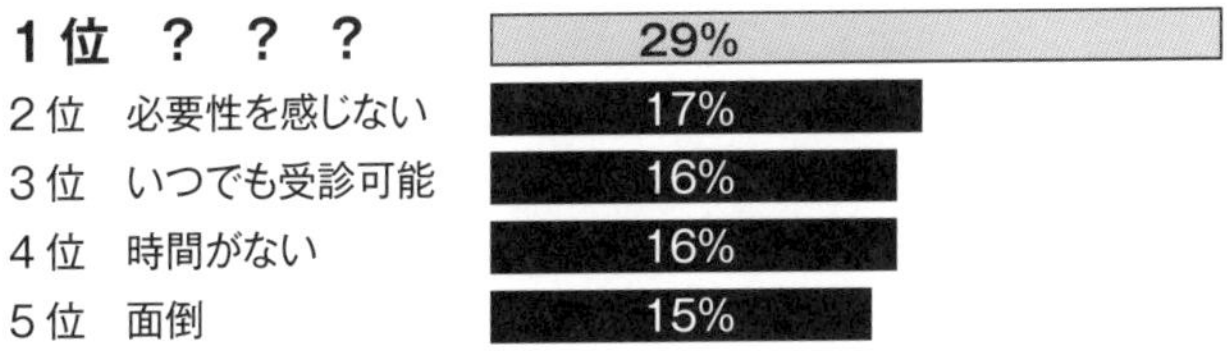
1位 ? ? ?
29%
2位 必要性を感じない
17%
3位 いつでも受診可能
16%
4位 時間がない
16%
5位 面倒
15%

答えは「たまたま受けていない」でした。2位を大きく引き離して、「たまたま受けていない」がダントツの1位。これは衝撃的な結果でした。

ここから示唆されることは、「人は正しい知識を得ても、無償化のような金銭的メリットがあっても、命を守る行動ができるわけではない」ということです。「知ること」と「行動すること」の間には大きなギャップがあり、そこには「たまたま行動しない人」がたくさんいます。私たちは、正しい情報を入手できる状況にあります。その上で、「頭でわかっていても行動しない人たちを動かすにはどうしたらよいのか?」を考えていくことが次の課題になります。

コラム● なんども経験したはずなのに

思えば、日本人は東日本大震災をはじめ多くの災害を経験し、防災の必要性を嫌というほど味わいました。

私は今でも地震のアラートが鳴ると、当時を思い出して、怖くなります。しかし、調査によると、「この1年で家庭で新たに行った防災対策」も「1年以上前から行っている家庭での防災対策」も、何年も連続で第1位は「特になし」でした[3]。このことからも、命

※1　直感と理性は文献によっては「ヒューリスティックシステムとシスティマティックシステム」「システム1とシステム2」のように記載されるものもあります

に関わることでもなかなか行動しない人たちがたくさんいることが示唆されます。

2 象（直感）と象使い（理性）の関係性

問1のように、メリット不足や知識不足だけでは、行動しない理由を全て説明することができません。頭でわかっていてもうまく行動できない背景には、「直感と理性[※1]」という脳のシステムがあります。

直感は日常生活における多くの判断を担当し、存在感があり力強く本能的で動きが速いため、「象」に例えられます[4]（象は時速40㎞で走るのです！）。皆様が具体的にイメージするために、これからは「直感」を「象」と呼びます。「私たちの心の中には象がいる」と具体的にイメージできると、ナッジを理解しやすくなります。だから今、しっかりとイメージしてください。

象は頼もしいですが、自分のことが好きで、面倒くさがり屋で、損をするのが嫌いという性格を持っています。このため、象は正しい情報を得ても、歪んで解釈する習性があります。このように認知が歪む習性を「認知バイアス[※2]」と呼びます。これからは「認知バイアス」を「（象の）習性」と呼びます。

※２　バイアスとは本来「斜め」のことで、心の動きが真っすぐではなく、偏りが生じる習性を「認知バイアス」と呼びます

それに対して、理性は「賢い象使い」のイメージで、自制を担当します。これからは「理性」を「象使い」と呼びます。

象使いの発動には多大なエネルギーを要するため、象使いは普段は休んでおり、象だけでは手に負えない場面で出現します。象使いのパワーは有限で、すぐに枯渇してしまいます。[5] このため、日常判断の多くは象が行い、重要な判断になると象使いが出現するという役割分担をしています（図４）。

Q　象使いを鍛えることはできますか？

理論上は可能ですが、実際には象使いはなかなかうまく働いてくれないのです。問２を考えてください。

図４ 直感と理性

問2

最初の2つの文章が正しい場合、3つ目の文章は成立するでしょうか？　また、4つ目の文章はどうでしょうか？
①【前提】亀は動物である。
②【前提】一部の動物は崇拝の対象である。
③【合っている？】全部の亀は崇拝の対象である。
④【合っている？】一部の亀は崇拝の対象である。

「さすがに③までは言い切れないが、④は合っているのでは？」と答えたくなりませんでしたか？　これは象の典型的な思考です。自分の周りでは亀を信仰している人はいないけれど、世界には亀を崇拝している地域はありそうです。多くの人は、④は何となく正しいとイメージでき、ここで考えるのをやめます。象にとって、せっかく出した答えを疑うのは、時間の無駄です。

一方、象使いは「本当にそうなのか？」と、じっくり考えます。試しに図を描いてみます。象がイメージした「④のみ成立」は、図5の状況です。でも、よく考えると、図6の場合は③も④も成立し、図7の場合だと、③も④もどちらも成立しません。だ

図5
「一部の亀は崇拝対象」
が成り立つ場合

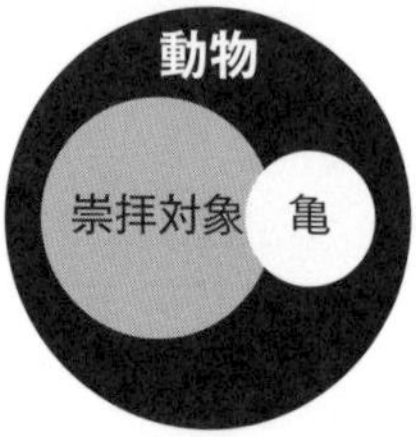
動物
崇拝対象
亀

図6
「全部の亀は崇拝対象」
が成り立つ場合

動物
崇拝対象
亀

図7
「全部の亀は崇拝対象外」
が成り立つ場合

動物
崇拝対象
亀

から「③も④も、成り立つ場合も成り立たない場合もあるので、どちらも断言できない」が正解です。

象使いが発動すると、難しい問題でも熟考して答えを導きます。でも、毎回象使いが発動すると、すぐにエネルギー切れを起こしてしまいます。それに、象は「答えがわかりきっているのに、なぜ疲れる作業をする必要があるの？」と、象使いの邪魔をすることも多いです。象使いも疲れることはしたくなく、ここで象と象使いの利害が一致してしまうのです。
だから日常判断は象に任せた上で、「象が一定の確率で間違いを犯すことは仕方のないこと」と、割り切るのが現実的です。あとは象の習性を調べ、どの状況でどの間違いが発生するかわかると対策が取れます。研究が進み、象の習性はバラバラに発生するのではなく、一定の法則性があることがわかってきました。

ケース●　４人の実験参加者に１８６㎝の男性を遠くから見てもらい、「この男性の身長を推測してください」と質問したところ、４人は１８５㎝、１８３㎝、１８７㎝、１９０㎝と答えました。

次に「この人はバスケのスター選手です」という情報を与えた後で再度同じ質問をしたところ、４人は１９５㎝、１９５㎝、１９８㎝、２００㎝と答えました。

最初は、全員が間違っていましたが、平均すると１８６・３㎝で、正解に近いものでした。ここで、「バスケのスター選手」という追加情報を与えると、象は「もっと背が高いはず」と考え、全員が10㎝以上身長を高く見積もり、４人の平均も正解から遠ざかりました。これは追加情報が船のイカリ（アンカー）のように足かせになって解釈を歪める「アンカリングバイアス」という習性です。

コラム● 名は体を表す

ナッジに関する名著と言えば、『ファスト&スロー』(ダニエル・カーネマン)と『予想通りに不合理』(ダン・アリエリー)が有名です。この2冊はタイトルが秀逸で、行動の本質を表現しています。『ファスト&スロー』は、速い判断をする象と、ゆっくりと考える象使いの関係を表しています。『予想通りに不合理』は、象は不合理な行動も多いですが、象の習性には一定の法則性があるため、科学的に予想できることを意味しています。

3 行動を邪魔する習性

Q 象が苦手な行動はありますか?

象は勉強、がん検診、ダイエット、組織改革、環境保全、積立貯蓄といった「面倒くさいのは今で、効果出現は将来」という行動が苦手です。この場合、象は「今日やっても明日やっても大きな差がない」と考え、今やらないことを正当化したくなります。

夏休みの宿題を例に考えます。象使いは夏休み前に「この分量を夏休み期間内に無理なく終えるには、毎日30分ずつ勉強することが必要」と合理的な計画を立てることができます。そして、象使いは誘惑があってもきっぱりと断ることができます。

しかし、象は違います。友達に「虫とりに行かない?」と誘われると、象はすぐに飛びつきます。「せっかくの夏休み、1日くらい大丈夫」「明日その分頑張れば大丈夫」と、虫とりに出かけることを正当化し始めます。象にとって、明日の自分はもはや他人です。どんどん明日の自分に託すと、当面の間は丸く収まり、毎日が楽しいです。こうなると、もう止まりません。そして、夏休み最後の日に大きな後悔が待ちかまえています。

がん検診もこれと同様のメカニズムが働き、頭では必要性を理解しても検診受診を先送りしたくなります（がん検診については第2章で詳しくお話しします）。

注目すべきは、両者の力関係です。象が圧倒的に力強く、象使いは非力な上に滅多に出てきません。

このため、象が動き出すと、象使いの力では制御が難しいことも多いのです。また、象と象使いの力関係は、時間帯によって変わってきます。問3をご覧ください。

問３

イスラエルでは裁判官による仮釈放申請の承認率は、昼休み直後は65％でした。では昼休み直前は何％だったでしょうか？

①0％　②40％　③80％

正解は①のほぼ０％でした[6]。昼食前は象使いのエネルギーが枯渇して、象の習性を制御できずに、「却下」という楽な判断を選びました。これに対し、昼食後は象使いのエネルギーが復活して、柔軟な判断をしたようです。裁判官のような合理的判断が求められる人たちでも、疲れると象の習性の影響を受けた判断をしました。象のパワーを過小評価してはいけないのです。

象と象使いの関係を知ることで、対応方法が見えてきそうです。

トピック●　昔から直感は象に例えられることがありました。中でもニューヨーク大学のジョナサン・ハイト教授が著書[7]で、直感のことを象と紹介したことで、学術的にも広く知られるようになりました。この本では、象使いには「（象の）乗り手」という訳語が付けられ、「象使いであれば象を自由に操れそうなものだが、実際にはそうではないからだ」と注釈があります。それほどまでに象は強力で、制御が難しいのです。

なお、私の書では、「象の乗り手」と表現すると、「理性はいつでもすぐそばにいる」と誤解されやすくなるため、「象使い」と表現しています。

トピック●　私は「象使いの体力は有限であり、何かを選択するごとに体力が摩耗していく」という考えを支持しています。昔読んだ『パタリロ！』という漫画で、「国王はいつも同じ軍服を着ているように見えて、実は別々のデザイナーが作ったものをたくさん持っている」という話があります。私もそれに倣ってお気に入りのデザインの服を何枚も買い、着回しています。朝、服選びのために、象使いの体力を摩耗させたくないのです。スティーブ・ジョブズやバラク・オバマもいつも同じ服を着ていたというのも、彼らもいざという時のために象使いの体力を温存していたのかもしれません。

Q 「想い」と「象の習性」に違いはありますか？

まず、「想い」は多義語であり、認識を揃えるため、「想い」を「志」と同様の意味としてお答えします。想いは、一般的にビジネスに不可欠なものとして語られることが多いです。私も情熱に満ち溢れた青年起業家の言葉を聞くと、応援したくなります。独裁者も熱い想いを前面に出して、自身の思想の正当性を国民に訴え、国民は熱い想いでそれに応えます。しかし、想いが倫理や科学的根拠から逸脱すると、時に正しい解釈を歪ませる危うさをはらんでいます。その意味で、想いは手放しで称賛されるものではありません。

想いの背景には象の習性が作用することも多いのですが、ここではイメージしやすさを優先するため、あえて想いと象の習性を明確に区別して解説します。

（違い1）象の習性は大昔からあまり変わっていない

象の習性として、同調バイアス（他人と同じ言動をしたくなる習性）を例に考えます。

原始時代、私たちの先祖が共同で狩りや木の実を採取していた姿をイメージしてみてください。同調バイアスが弱くて個人行動を好んでいた人は、なかなか食べ物にありつけなかったため、いつも死と隣り合わせでした。そう考えると、私たちは同調バイアスの高い人たちの子孫である可能性が高いのです。時代は流れ、社会環境は急激に変わりましたが、私たちの脳のシステムはそれほどアップデートできていません。だから、「現代社会で同調圧力が私たちを苦しめる」とわかっていても、私たちの脳に刷り込まれた同調バイアスはなかなかリセットできないのです。

一方、想いは後天的なもので、政治や教育や、社会情勢の影響を受けることも多く、昨日と今日で想いが変わることもあります。偉人伝を読んでも、「野口英世先生は一貫した認知バイアス(習性)を持ち続けた」という情報は、当たり前すぎてニュースになることはありません。でも、「野口英世先生は熱い想いを貫いた」というストーリーは人々の心に刻まれます。それだけ、想いを維持するのは難しいのです。

(違い2) 習性は多くの人に共通

想いは人によって異なります。だから、あなたがどんな想いを持っているのかは、私にはわかりません。わからない以上、あなたの想いにピタッと寄り添うことは難しいです。

一方、多くの人は共通した習性を持っているので、あなたの習性は一定の確率で予想できます。例えばアンケートで、「多くの政治家は増税をして、議員報酬を上げようとしています。あなたは政治を信頼していますか？」と聞かれると、単に「あなたは政治を信頼していますか？」と聞かれた時よりも、「いいえ」と答えたくなります。そして、もう1つ予想できます。それは、あなたは「いいえ」と答えた理由として、「アンケートの表現に誘導された」と認めようとはせずに、「日頃から政治に対して不満を持っていた」と理由を述べる可能性が高いことです。習性が予測できる背景には、エビデンスの蓄積があります。

コラム● アンケートを作るのは大変

アンケートの回答は、設問や選択肢の設定の仕方で大きく変わることがあります。「あなたは幸せですか？」「あなたは最近デートしていますか？」という順番に比べ、「あなたは最近デートしていますか？」「あなたは幸せですか？」と順番を入れ替えて聞いた時のほうが幸福度が下がる回答をします[8]。

これは「最近デートをしていないなぁ」と考えると、無意識のうちに幸福度を低く見積もってしまうからです。このような誘導を避けるため、研究者は予備調査を行い、客観的で再現性のある回答を得られるような設計にします。

私はアンケート用紙が届くと、最初に全文に目を通します。そして不備のある項目が一定数以上あると、回答しません。

回答率が低いのは、相手が非協力的だからではなく、アンケート内容に問題があるからかもしれません。アンケートを作成する時には、先行調査を参考にし、専門家の意見を聞いた上で、予備調査をすることをお勧めします。

ナッジは科学的に研究され、その有効性が評価されているものが多いです。このような科学的根拠に基づくものをエビデンスと言い、その多くは、科学論文として学術誌で発表されています。

私が学生の頃、「運動中に水を飲むと、後で苦しくなる」と広く信じられ、部活中の水分補給は禁止されていました。炎天下でどんなに汗をかいても水を飲むことが許されず、部活動中に脱水症状で亡くなった人もいました。このようにエビデンスに基づかない都市伝説を信じてしまうと命に関わることからもエビデンスに基づく判断が重要になります。

コラム● エビデンス（上級者向け）

エビデンスは、客観性や再現性が担保されているため、重要な判断をする時の拠り所になります。

エビデンスでは、学術論文に比べて専門家の意見は最も低く位置付けられます（図8）。専門家でない人の意見は、もはやエビデンスではないのです。私たちは有名人や身近な人が言ったことは信じたくなります。でも、実際には根も葉もないものが多く見られます。だから研究論文が重視されます。

エビデンスレベルの高い研究論文を作るのは、とても大変です。私が以前、エビデンスレベルの上から2つ目の「ランダム化比較

図 8 エビデンスレベル

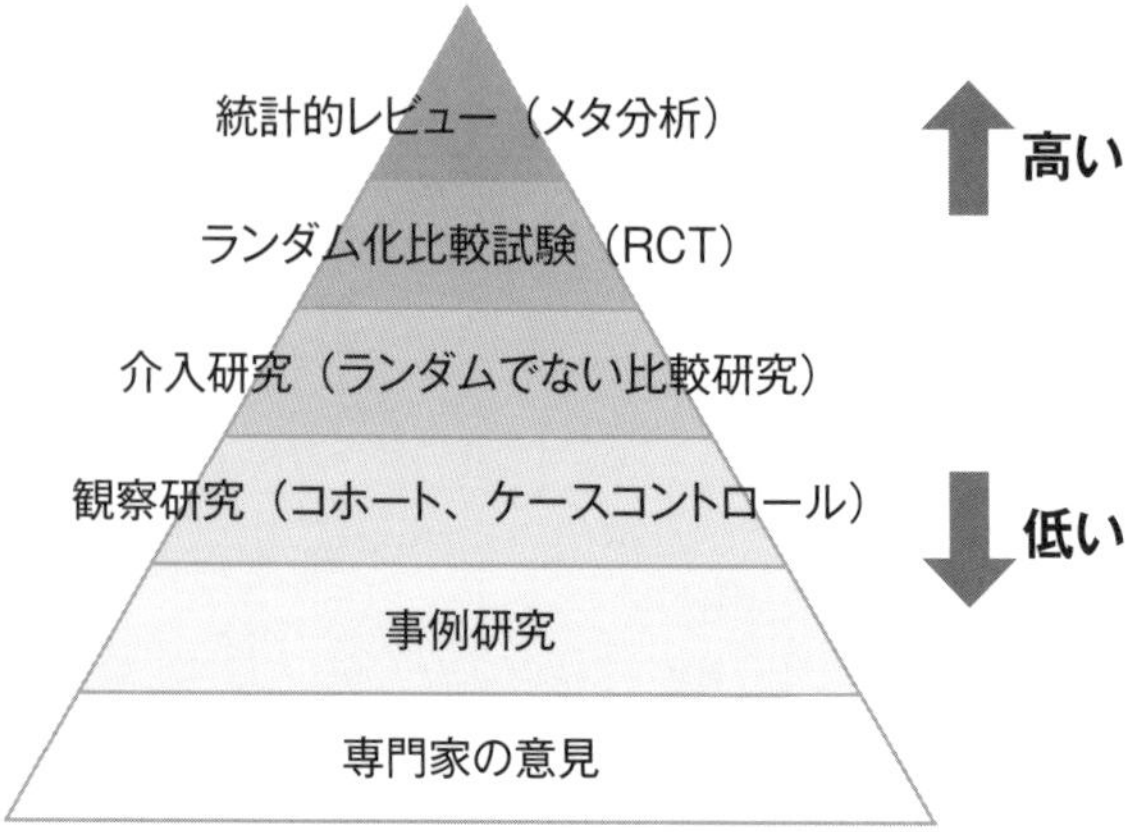

統計的レビュー（メタ分析）
ランダム化比較試験（RCT）
介入研究（ランダムでない比較研究）
観察研究（コホート、ケースコントロール）
事例研究
専門家の意見
高い
低い

試験」を行った時は、研究計画と倫理審査から研究実施・論文出版まで4年以上かかりました。

その間、複数の学術誌で何度も審査が行われてようやく出版にたどり着きました。厳しい審査プロセスを経ているからこそ、学術論文は信頼されるのです。

Q　象の習性にはどんなものがありますか？

象の習性のうち、主なものを表1に整理しました。特徴がそのまま「○○バイアス」と名付けられていることが多いので、イメージしやすいものが多いです。

象の習性には、通常なら行動の阻害要因になるものでも、うまく設計すれば行動の促進要因になるものもあります。例えば、同調バイアスは、「皆がタバコ部屋に行くから、自分も吸う」と禁煙の阻害要因にもなりますが、「禁煙者が増えているので、自分も禁煙を始めよう」と禁煙の促進要因にもなります。このため、どの認知バイアスが行動の邪魔をし、それを乗り越えるにはどの認知バイアスに働きかけるとよいのかを考えていきます。

表1 主な習性

象の習性	その特徴
①損失回避バイアス	利得よりも損失を強く感じる習性
②現状維持バイアス	現状維持を好む習性
③投影バイアス	現在の状況を将来に過度に投影し、未来を正しく予測できない習性
④自信過剰バイアス	自分に関することを高く評価する習性
⑤楽観性バイアス	「自分は大丈夫」と根拠なく楽観視する習性
⑥正常性バイアス	予想外の事態でも、正常時と同様の判断をしてしまう習性
⑦現在バイアス	将来の大きなメリットよりも目先のメリットを優先する習性
⑧同調バイアス	他人と同じ行動をしたくなる習性
⑨確証バイアス	自分に都合の良い情報ばかりを集め、反証する情報を軽視する習性
⑩利用可能性バイアス	思い出しやすいものを過大評価する習性
⑪帰属バイアス	偶然のことでも、本質的な問題として帰属させたくなる習性
⑫自己奉仕バイアス	自分に優しく他人に厳しい評価をする習性
⑬後知恵バイアス	結果を知った後で「最初からそう思っていた」と感じる習性

①損失回避バイアス：「とにかく損をしたくない」

問4を考えてみてください。金銭的にはプラスマイナス0なのでショックも100のはずですが、正解は200以上です。このように象は損失のストレスを強く感じる習性（損失回避バイアス）があります。

損失回避バイアスが強いと、少しの損失を避けようとするあまり、大きな利益が出る方法を選ばなくなることがあります。

問４

懸賞で100万円の商品券が当たりました。翌月、それを使おうとしたら、有効期限が昨日までとなっていたことが判明しました。当選した時の喜びを100とすると、無効と判明した時のショックはどれくらいでしょうか?

②現状維持バイアス：「とりあえず、今までで通りで」

象は「現状のままで大丈夫なのであれば、それに越したことがない」と考える習性があります。

「行動を変えること」は、「従来の習慣との決別」と「新しい行動の入手」というプロセスに細分化できます。象は新しい行動の必要性を理解したとしても、これまでの習慣に愛着を持つと、それを手放す時の苦痛を2倍以上強く感じるため、現状維持を選びたくなります。この習性が現状維持バイアスです。現状維持バイアスによる惰性の力は、象の面倒くさがり屋の習性と合っているので、新しい行動をしたがりません。

③投影バイアス：「今までよかったから、これからも大丈夫」

象は「今まで大丈夫だったから、これからも大丈夫」と考える習性（投影バイアス）があり、この習性は現状維持バイアスを正当化するのにちょうど良いです。現在の状況をそのまま将来に投影してしまうと、「今、親が元気だから、これからも元気だろう」「今、タバコを吸っても何ともないから、これからも大丈夫だろう」「今まで災害が起きなかったから、避難グッズは準備しなくてもいいだろう」という考えに陥りやすく、行動に繋がりにくくなります。

④自信過剰バイアス⑤楽観性バイアス⑥正常性バイアス：「自分は大丈夫」

④は⑤⑥の習性にも影響するため、まとめて説明します。象は自分を客観視するのを面倒くさがり、自分を過信する習性（自信過剰バイアス）があります。それが高じて、「予防しなくても自分は感染症にかからない」と根拠なく楽観視してしまった人たちの多くが、感染症流行期に感染してしまいました。

また、象は想像できない事態に直面すると「そんなに焦ることはない」と正常時と同じように楽観的に考える習性（正常性バイアス）があります。台風で避難指示が出ても「まだ大丈夫」「もう少し様子を見てみよう」と正常時のような錯覚に陥り、手遅れになる事態が繰り返されています。

⑦現在バイアス:「今が好き」

象は目の前にある誘惑を我慢するのを面倒くさがり、目の前のことに反応する習性(現在バイアス)があります。例えば、喫煙者X氏はタバコを1本吸う快楽を100、将来、肺がんになる場合の苦痛を1億と見積もったとします。X氏は長期的な視点からは、1億の苦痛を避けるほうを選ぶべきです。しかし、現在バイアスに影響されると目の前の誘惑に衝動的に飛びつき、「禁煙」という将来に関わる面倒なことを先送りしてしまいます。

⑧同調バイアス:「皆と一緒で」

象は皆と同じ言動をしておけば、大きな間違いがないことを知っていますので、わざわざ他人と違ったことをすることを好みません。このように、皆と同じ言動をしたくなる習性を「同調バイアス」と呼びます。「私は自分らしさを重視している。他人には流されない」と言っている人も、ランチタイムに客が1人もいないレストランより、長蛇の列ができている店のほうが気になるものです。

トピック● 同調バイアスが他者に向けられると、同調圧力になることがあります。同調圧力によって、思わぬ行動を引き起こした例として、カルト宗教での集団自殺があります。同調圧力は「場の空気」という実体のない形で、「皆がやっているから、あなたも」という規範意識に訴求してくるので、逆らうのが難しくなります。

⑨確証バイアス：「自分と同じ意見はある？」

象は全ての情報を公平に見ているわけではありません。その中から自分が信じたものと合うものを選んで集めたくなる習性（確証バイアス）があります。わざわざ批判意見を集めるような面倒はしたくないのです。最初に誤った情報を信じると、それを裏付ける情報を見つけて理論武装していき、どんどん勘違いが深まっていく可能性があります。

⑩利用可能性バイアス：「聞いたところによると」

象は事実関係をじっくりと調べ上げて判断をするのが面倒で、どうしても身近な情報や経験則に頼って判断する習性（利用可能性バイアス）があります。象は「同じニュースを100回見た」と「その事件が100回起きた」をうまく識別できません。

トピック● ある中学校の先生から、「子宮頸がんワクチンは既に何百人もの若い命を奪っているので、絶対禁止にしたほうがよい」という内容のメールをいただきました。この先生は熱い想いでワクチン反対を主張しているようでした。でも、子宮頸がんは命に関わることであり、エビデンスに基づいて判断すべき問題です。私は「子宮頸がんワクチンを打って亡くなった人数と、打たなくて亡くなった人数を、エビデンスとともに示していただけますか?」と聞きましたが、「ワクチンで大勢が亡くなっているが、子宮頸がんで死んだ人はほとんどいない」という答えが返ってくるだけでした。

特に日本では、子宮頸がんワクチンに対して、かつてのセンセーショナルな薬害報道により、社会からの偏見が根強く残っているため[9]、エビデンスに基づく情報発信がますます重要になります。実際、1994年~2007年生まれの日本人女性は、ワクチンを打たなかったことで、2万4000人以上が子宮頸がんを発症し、5000人以上が超過で死亡したと推計されています[10]。これは避けられたはずのリスクです。この先生の声を信じた生徒が、10年後に子宮頸がんで亡くなったとしたら、とても悲しいことです。

⑪帰属バイアス⑫自己奉仕バイアス:「失敗したのは相手が根っからだらしないから」

⑪⑫も相互に関連しているので、まとめて紹介します。

象の行動には、そんなに大きな意味がないことも多いのですが、私たちは相手が意に反した行動をすると、「相手は根っからのわからず屋だ」「こんなことをするだなんて悪意がある」と、本質的な意味を持たせようとする習性（帰属バイアス）があります。象は推理や評論をするのが大好きなのです。その一方、自分が聞いたことのあることや都合の良い情報を手掛かりに推理する習性（利用可能性バイアス・確証バイアス）もあるので、推理はよく外れます。

ここで注目すべきは、象は自信過剰バイアスがあるため、自分の推理が外れることをあまり自覚していません。さらに、「自分がうまくできないのは仕方ない。でも、相手ができないのは努力不足」と感じる習性（自己奉仕バイアス）が働くと、相手を許せない気持ちが生まれやすくなります。これでは、コミュニケーションがうまくいかないのは、仕方ないことです。

⑬後知恵バイアス：「前からそう思っていた」

結果を聞いた後でも「前からそう思っていた」と考えたくなる習性（後知恵バイアス）があります。これは「後出しじゃんけん」と同様、絶対に勝つので、象にとっては快感そのものです。一方、後知恵バイアスを出された相手はたまったものではありません。

新型コロナウイルス感染症の流行初期の頃、感染者の記事が出ると、ＳＮＳでは「感染者は自覚が足りない」「なぜこの日、外出したの？」という説教的なコメントがつくことが多く見られました。これは帰属バイアスや自己奉仕バイアスに加え、後知恵バイアスによる行動だと説明できます。事前に万全の対策を講じようとした時に「そこまでやる必要ある？」と言われたのに、問題が起きた後に「自覚が足りない」と責められるといった、「手のひら返し」の背景には後知恵バイアスの存在が考えられます。上司が後知恵バイアスが強いと「良い結果が出るまで報告しない」「悪い結果はなかったことにする」といった隠ぺい体質が生まれやすくなります。

また、後になって「ほら見たことか」と言われたほうはすごく辛く、それを見た周りもチャレンジするのを躊躇してしまいます。その意味で、後知恵バイアスに振り回された行動は社会全体の損失になり得ます。

トピック● 私は以前、失敗した研究を学会発表したことがありました。そもそも失敗した研究を公表すること自体恥ずかしいのですが、「皆様には同じ過ちを繰り返してほしくない」という一心で、できる限り真摯に伝えようというスタンスでのぞみました。参加者とのディスカッションで、「なぜ設計段階で失敗を予想できなかったのですか？」との質問が来た時には、「あなたは後知恵バイアスの塊ですね」と答えたくなりました。でも、「研究において、仮説は外れるものです。逆に仮説を追認するだけの研究なら、新規性に乏しく、学術に貢献しません」と返すにとどめました。結果を見てから、失敗を批判することは誰でもできます。それよりも、正直に失敗を認めた上で、エビデンスに照らして課題を特定したほうがずっと生産的です。

4　認知的不協和とストレス

あなたが今まで遭遇したトラブルの中にも、これらの習性に当てはまるものがあるのではないでしょうか？

象は、自分の認知と矛盾する状況には、ストレスを感じます。この状態を「認知的不協和」と呼び、それを解消するために解釈を歪めることもあります。禁煙を例に考えてみます（図9）。「タバコが健康に悪い」と知りながら喫煙している状態は、ストレスなので、象はここから脱出したいと願っています。最も望ましいのは、禁煙です。しかし、象は面倒くさ

図９ 認知的不協和のメカニズム

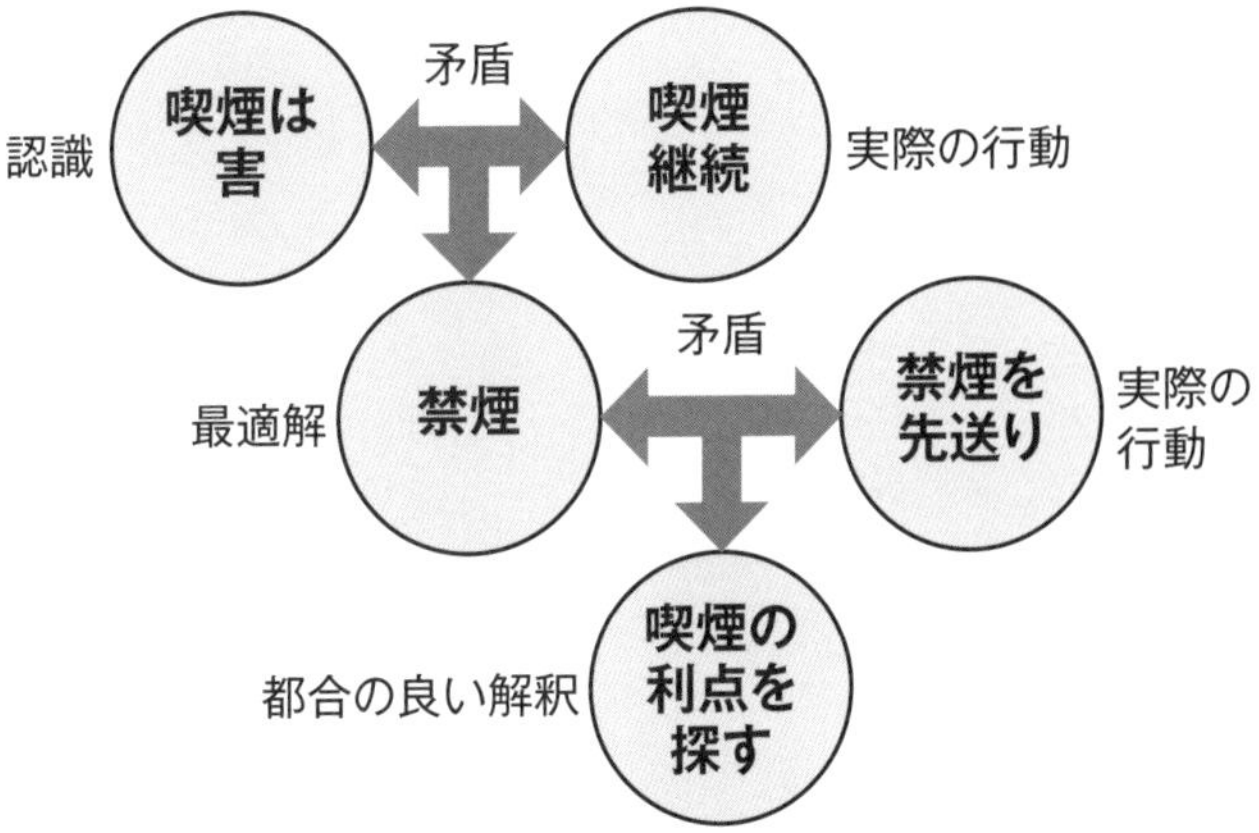

がり屋なので、「別に今禁煙しなくてもよいのでは」という考えが生まれます。禁煙願望と先送りの矛盾を解消するには「長寿の泉重千代さんは喫煙者だった」「喫煙を我慢するほうが体に悪い」といった喫煙を正当化する解釈を作り出すと、象はその場では満足します。ただし、根本的な問題解決がなされたわけではなく、モヤモヤ感は心の奥底に残り、その間も体は蝕ばまれていきます。象は自分の進む道がよくないものであると気づいても、なかなか引き返せません。

トピック● 泉重千代さんは１２０歳の長寿世界一としてギネスブックにも載った人物です（ただし、誕生日に疑義が生じたため、現在は掲載されていません)。「泉さんが長生きしたのは好きなタバコを好きなだけ吸ったから」と言う人もいます。でも、これは極端な一事例です。喫煙者の平均寿命は非喫煙者に比べ、男性で8年、女性で10年短く[11]、逆に喫煙すれば長生きできるというデータは、私が知る限りありません。象はエビデンスを読み解くのが苦手で、わかりやすいエピソードには飛びつきやすいのです。「こんな話を聞いたことがある」といったエピソードばかりをもとに意思決定するようになると、象は習性に振り回されやすくなり、望ましい行動から離れていきます。

さて、「はじめに」で紹介した野口英世や福沢諭吉は、象使いの力が強い、立派な人であることは疑いようがありませんが、それでも象をうまく制御しきれなかったようです。なぜ偉人たちは誘惑に勝てなかったのかは、厳密にはわかりません。しかし、象の習性からある程度推測できます。野口英世は現在バイアスの影響で、誘惑に衝動的に飛びついたかもしれず、福沢諭吉の「ビールは酒ではない」のエピソードは、認知的不協和から脱却するために象が作り出した解決策だったと考えられます。

コラム● 喫煙は不思議な行動

経済学の観点から、最も不思議で興味深い行動は、「喫煙」です。市販されている商品で「通常の使い方をすると死亡リスクが高まります」とパッケージに書かれているのは、タバコだけです。もし、電気カミソリに「説明書通りの使い方をすると、大ケガをします」と書かれていたら、誰も買わないでしょう。

また、喫煙者の約6割が喫煙を「やめたい」、もしくは「本数を減らしたい」と考えています。[12]本人はやめたいと思いながら、高い金を払い、命を削ってまで吸い続ける。この矛盾した行動の背景には、確かにニコチン依存症の特性によるところも大きいです。しかし、象の習性を知ることで、禁煙の成功率が高まると期待されます。

Q 禁煙を邪魔する習性は何でしょうか?

禁煙を邪魔する習性のうち、特に知っておきたいものとして、現在バイアス、楽観性バイアス、同調バイアスを紹介します。なお、以下のものはあくまでも「集団としてとらえた時の傾向」であり、実際にはそうではない人もいます。しかし、全体の傾向がどうなっているのかを把握することは大切です。

1）現在バイアス

喫煙者は現在バイアスが強い傾向が見られます。[13] 私たちはテレビや漫画の影響もあり、「タバコを吸う人は落ち着いている」というイメージを持つこともありますが、実際には多くの喫煙者は衝動的でせっかちなのです。

2）楽観性バイアス

喫煙者は物事を楽観視する習性があります。例えばＹ氏は自分の生活習慣病リスクを40％、Ｚ氏は10％だと見積もったとします。ここで2人に「あなたたちの世代の生活習慣病リスクは平均30％」と伝え、その上で再度自身の生活習慣病リスクを見積もってもらったところ、Ｙ氏はリスクを31％へと平均値に近づけましたが、Ｚ氏は14％と少ししか上げませんでした。[14]

Ｚ氏のように「自分は例外」と考える習性（楽観性バイアス）が働くと、禁煙する気が起きにくいものです。

また、楽観性バイアスが強いと、「このくらい大丈夫だろう」とリスクに対しておおらかになり、ギャンブルのようなリスク愛好的行動に繋がりやすくなるケースも見られます。喫煙者がギャンブルを好むことは日本の研究でも報告されています。[15]

3）同調バイアス

象は周りの人と同じ行動をしたくなる習性があります。例えば学生時代に喫煙者に囲まれたP氏は、非喫煙者だらけのサークルに入っていたQ氏よりも喫煙者になる可能性が高くなります。「皆が吸っているから吸っている」「タバコ部屋から1人だけ抜けづらい」と同調バイアスが強まると、禁煙意志があっても禁煙が難しくなります。

次ページの問5をご覧ください。喫煙者の習性を把握していないと、つい正論ばかり言いたくなりますが、象は正論を言われるのが嫌いです。S氏は喫煙者を不快にする一言を言ってしまいました。百害あることは、タバコのパッケージに書いてあるので、皆知っています。「一利なし」は、喫煙者の価値観を全否定です。喫煙者は「リラックスできる」「おいしい」「コミュニケーションツールになる」といったメリットを感じています。それにもかかわらずS氏のように「あなたのしていることは全て無意味です」と一刀両断す

問5

S氏は「喫煙は百害あって一利なし」、T氏は「禁煙しないと20年後に肺がんになるリスクが高まる」といった禁煙指導をしています。これらの禁煙指導を受けた時、喫煙者はどんな反応をするでしょうか？

るような指導を受けると、象は大暴れしたくなります。この指導こそが、百害あって一利なしです。

T氏の指導もあまり好ましくありません。現在バイアスが強い象には、20年後のことを言われても響きません。

楽観性バイアスの強い象に「肺がんになる」と言っても、「いや、私はならない」と受け取りやすいです。

そして象は頭ごなしの正論を言われるのが嫌いです。「不快感を覚えると、リスクに対しておおらかになる」[16]というハーバード大学の研究が示すように、「ズバリ言われて悔しいから、禁煙してやる」となるよりも、「腹が立ったので、タバコ部屋に行く」となる確率のほうがずっと高いのです。

象の習性がエビデンスを通じて明らかになってきています。私は、エビデンスを軽視した指導が行われているのを見ると、象に対するリスペクトが足りないと感じ、悲しくなります。禁煙できない喫煙者を非難する前に、まずは象を暴れさせる禁煙指導をしていないか、振り返ってみてはいかがでしょうか？

コラム● 見せかけの効果（上級者向け）

「喫煙は百害あって一利なし」といった指導は今でも続いています。ある自治体の保健師に「どうしてこのような指導をするのですか？」と単刀直入に聞いたところ、返ってきた答えは「粘り強くこの指導をした結果、禁煙した人を見てきたから」でした。これはもっともらしい説明ですが、指導に効果があったとは言い切れません。歳を重ねるにつれ、健康上の問題も増え、喫煙率が下がります。65歳で禁煙した人を見た保健師の象は「私が長年、喫煙は百害あって一利なしと口を酸っぱくして言い続けてきたから！」という成功経験のエピソードとして認識します。これはその保健師にとっては美談ですが、「見せかけの効果」である可能性が含まれています。むしろ、この指導をしなければ、相手はストレスを感じずに済み、もっと早くに禁煙に成功したかもしれません。

大昔、嵐が続いて川が氾濫しそうになった時、川に生贄《いけにえ》を投げ入れたら、雨が止んだ状況を考えてください。生贄を投げた後に雨が止んだのは事実ですが、生贄を投げた「から」雨が止んだわけではありません。

私たちは生贄制度を廃止する賢明さを身に着けました。でも、今でも私たちの心の象は、見たものを自分の都合の良いストーリーに仕立てる習性が残っているようです。私たちは十分賢くなったはずです。自分自身の習性を制御して、意味のない指導はもう終わりにしたいものです。

コラム● エビデンスを探すには？（上級者向け）

私がナッジを設計する場合、自分で無の状態から生み出すことはしません。検索エンジン「google scholar」で類似の先行事例を検索し、ターゲット層に合うように調整していきます。食行動を改善するためのナッジを探す場合、まずは「eat nudge」と検索すると2万件以上ヒットします。最近は自動翻訳機能が洗練されてきたので、海外文献から検索するのが以前ほど苦労しなくなりました。

日本語論文は数が少ないので、私は海外論文の検索をお勧めしますが、どうしても日本語にこだわるのであれば「食　ナッジ」で検索してみると約３００件ヒットします。

これらに全部目を通すのは大変なので、さらに「public health（公衆衛生）」などの検索ワードを加えて１００件程度まで絞り込み、抄録（論文の要約）に目を通していきます。その上で効果の見られたナッジのうち、活用できそうなものを厳選していきます。

Q　年齢によって習性は変わるものでしょうか？

年齢によって習性が変わっていく人が多いです。例えば若い人は、失敗経験が少なく、将来のことは具体的にイメージしづらいので、楽観性バイアスや現在バイアスが強くなりやすいです。その結果、リスクにも果敢にチャレンジします。「若気の至り」の背景には、楽観性バイアスがあると言えるでしょう。

これに対し、歳を重ねると現状維持バイアスが強くなる傾向が見られます。「お年寄りになると、頭が固くなる」と言われます。これは「長く生きていくにつれて現状への愛着が生まれやすく、それを変えようとするモチベーションがわきづらい」という現状維持バイアスの特性を考えると、仕方のないことです。

Q 習性は克服できないのでしょうか?

私はかつて「象の習性こそが諸悪の根源であり、根絶させるべき」と考えた時期もありました。しかし、研究を重ねるにつれ、この考えが誤っていたことに気づきました。象の習性を完全に制御するには、常に象使いが働き続けなければならず、些細なことに対しても熟考することになるので、脳はすぐに疲弊してしまいます。そして、象の習性の中には、行動に必要なものもあるので、排除してはいけないのです。

現状維持バイアスがあるから一度決めたことをやり抜く心が生まれ、現在バイアスがあるから目の前のことに集中でき、楽観性バイアスがあるから私たちは過度に悲観的になることなく生きていけます。

このため、象の習性を完全に克服しようとするのは現実的ではなく、それよりは、「象の習性とどう付き合えばいいのか?」を考えていくほうが建設的です。

5 象を動かすにはどうしたらいいのでしょうか？

Q

では、次の場面を想像してみてください。

ケース2● あなたはジャングルに住むターザンで、象と仲良し。ある日、密猟者が象を狙っているという情報を入手しました。今日中に隣のジャングルまで逃げないと象は殺されてしまいますが、象は「いざとなったら何とかなる」となかなか動こうとしません。力ずくで動かそうとすると、踏みつぶされてしまいます。説得しようとしてもなかなか伝わりません。どうしたらよいでしょうか？

これは人を動かす方法を体系化した「介入のはしご[17]」を、私の言葉で言い換えたものです。もしもあなたが自治体の防災担当者だとしたら、ターザンはあなた、密猟者は台風、象は住民とイメージして読み進めてください。象を動かすには、大きく分けて「正しい情報を提供する（啓発）」「行動したくなる環境を整える（ナッジ）」「褒美と罰則を設定する（インセンティブ）」「選択を禁止する（強制）」の段階があります。インセンティブや強制は確かに効果的な手法ですが、実際に実施できる場面は限られます。啓発行動に移るとよいのですが、問1の乳がん検診のように、象の習性に影響されると知識を得たとしても行動に移らない場合もあります。

こんな時は、象の習性に合わせて、そっと促すのがよいです。象の習性にはパターンがあるため、「このタイミングでこの刺激が加わると、象はこう行動する」ということが一定の確率で予測できます。この結果、行動の阻害要因となる習性を抑制し、促進要因となる習性を味方につけ、望ましい行動へと促す設計が可能になりました。これがナッジです（図10）。

ナッジは「そっと後押しする」「ひじで軽くつつく」という意味の英語で、ここでは「象を動きやすくするために、習性に働きかける方法」というニュアンスで用います。

象の習性として、ほんの小さな面倒に遭遇するだけで、行動する気が萎えてしまいます。例えば「天気がいいから外を散歩しよう」と思っても、足の裏で何かがチクチク刺さっているると感じるだけで、出かける気持ちがなくなります。そんな時、チクチクを取り除いた上で、「隣のジャングルできれいな花が咲いたよ」と教えてあげたり、他の象の群れから

「こっちにおいでよ」と呼びかけてもらったり、これらの働きかけをするにしても象の機嫌のよいタイミングを見計らったり、といった工夫をすると、象がうまく逃げてくれる可能性が高まります。象を無理なく動かすためのポイントについては第2章で詳しくお話しします。

図10 象の習性とナッジ

6　ナッジのメリットとデメリット

Q　ナッジを使うメリットは何ですか？

ナッジのメリットを実感するには、「ナッジがない世界は、どれほど不便か？」を考えるとわかりやすいです。あなたは大学の教授で、学生に勉強させる方法を考えるとします。ナッジが使えない場合、まずはひたすら勉強の大切さを情報提供します。それでも勉強しないと、「レポート1ページやるごとにキャンディー1個あげる」とご褒美で釣ります。キャンディーで動かなければ、1万円あげます。それでもやらない人には「レポートの提出が1日遅れるごとにお小遣い1万円ずつ没収」とすると、大勢の人が目の色を変えてやります。ただし、「インセンティブ（褒美と罰）」にはデメリットもあります。

（インセンティブのデメリット1）「ご褒美が出るまで、勉強をしない」といった行動をする人が出てきます。「今日からレポート作成を始めよう」と決意した後に「来週は勉強キャンペーン。キャンペーン中にレポートを頑張った人には1万円プレゼント」という広告を見つけた人は、レポート着手を来週まで遅らせたくなります。

（インセンティブのデメリット2） 長期的にはやる気が下がります。学ぶ楽しさが金銭換算されてしまう結果、報酬がなくなると、学び続ける理由がなくなってしまいます。

（インセンティブのデメリット3） ズルをする人がいないか見張りが必要になります。レポートをやったら1万円もらえるのなら、９０００円でレポートを代行する人が現れることが予想されます。

このようなデメリットを考えると、インセンティブをすぐに導入するのには、慎重になったほうがよさそうです。「勉強はあなたにとって大切である」といった情報提供で自発的に勉強を始めるようになればよいのですが、現状ではなかなかうまくいきません。ここでナッジを組み合わせた情報提供をすると、選択肢が広がります。例えば情報提供を行うタイミングを昼休み直前から、昼休み直後に変えることで受け入れられやすくなります（P22～23参照）。

ナッジは人を動かすのに重要な手法であり、多くのメリットがあります。特に強調したいのは、費用対効果の高さとスピード感です。インフルエンザワクチン接種では、受診予定日時を書き込める用紙を渡された場合、無償化の場合より1ドルあたりの接種者数が12

倍も多くなりました。用紙を渡されても、実際に記載するかは義務ではありません。しかし、渡されると書きたくなります。そして、自分の実行意図を書き出すと、実際にそれをやりたくなります。これは「実行意図ナッジ」と呼ばれ、高い効果が報告されています。

職場の売店で糖分たっぷりのジュースが目の位置に配置されているのなら、その場所にお茶を配置することで、従業員はお茶を選ぶ可能性が高まります[19]（第3章参照）。そこに特別なプロモーションや金銭的インセンティブも不要です。

情報提供で行動を変えるには、価値観を変えるため、時間がかかります。インセンティブは、仕組みや予算を整えるための合意形成に時間がかかります。しかしナッジは順番やタイミングを変えるといった「担当レベルでの微調整」で可能なことも多く、比較的すぐに実施できます。

Q　ナッジには、デメリットがありますか？

ナッジは万能ではなく、限界があります。「ここまでがナッジの得意分野で、これ以上はナッジだけでは無理」と知ることで、ナッジをより効果的に使うことができます。

（限界1）悪用のリスクがある

行動経済学では、ナッジの悪用を「スラッジ（汚泥）」と呼び、明確に区別します。ナッジは望ましい行動ができずに困っている人をサポートするために用いるものであり、それを悪用した時点でナッジではなくなってしまいます。

コラム● ナッジ用語はウィットに富む

ナッジは「ナッグ（小言を言う）」と対比して用いられ、ナッジの悪用は「スラッジ」と呼ばれます。このように、ナッジ関連用語はウィットに富んだ言い回しになっているのも、面白いです。

世の中にはスラッジが満ち溢れています。仕掛ける側に悪用する気がなくても「うっかりスラッジ」が発生してしまうとトラブルになり得ます。

私は先日宿泊したホテルで朝食券を2000円で購入しました（図11）。私はいつも朝食会場には時間ギリギリに入店するようにしています。空いていて快適だからです。この朝食券には「7時～10時」と書いていたので、9時45分に行ったところ、受付の人に「最終入店は9時30分です。チケットに記載されています」と言って、入店を断られました。

ちなみに私の後にも3人組が断られていました。

確かに、朝食券をよく見ていなかった私のミスです。しかし、私の象はチケットを見た瞬間に「朝食10時までか、よし」となれば、それ以上の細かい確認をしません。まして近眼・老眼・乱視の私にとって、こんなに小さく書かれた文字はほとんど識別不可能です。これだと「9時30分入店を一番小さく書いたのは、朝食代を払わせるためのスラッジでは？」と疑われても仕方ないかもしれません。

実際、このホテルは宿泊客から朝食代を巻き上げるために、このような表示にしたのでしょうか？　おそらくその可能性は低いでしょう。ここで2000円を得たとしても、

図 11 ホテルの食事券

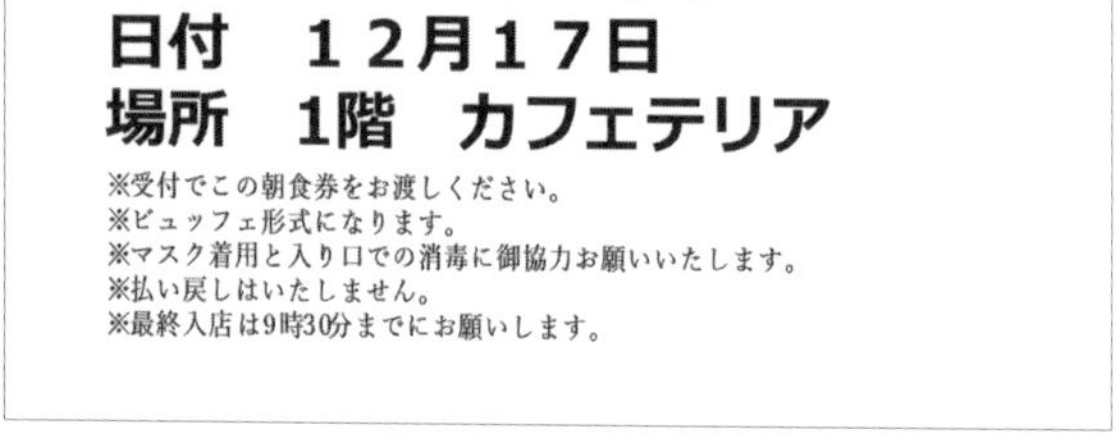
Breakfast Ticket
朝食券
7：00～10：00
日付　12月17日
場所　1階　カフェテリア
※受付でこの朝食券をお渡しください。
※ビュッフェ形式になります。
※マスク着用と入り口での消毒に御協力お願いいたします。
※払い戻しはいたしません。
※最終入店は9時30分までにお願いします。

フードロスを生み、さらに顧客満足度を激減させるので、ホテルには割に合いません。これはホテル側が「小さな文字を読もうとしない」という宿泊客の習性を軽視してしまったことに起因していると推測されます。

研究者はナッジを実施する前に、倫理審査委員会の承認を得ます。第三者の審査を経ることで「うっかりスラッジ」を最小化することができます。でも、この審査には何か月もかかることもあるため、皆様が現場で活用するのは、あまり現実的ではないかもしれません。

この折合いをつけるため、私はナッジを使ったお知らせをする時には、必ず21人以上に聞くことをお勧めします。21人以上がＯＫを出したものが本番で受け入れられない確率は、21分の1未満、つまり5％未満です。5％未満は、統計学的に無視してもよい確率です。だから私は入念な予備調査をします。

人の行うことなので、すれ違いは仕方ないです。でも、先ほどの朝食券も、印刷する前に宿泊客に「これを見てどう感じましたか？　実際にどんな行動をしますか？」と聞けば、10時まで入店だと勘違いした人が一定数存在することに気づけたはずです。予備調査ではいろんな意見が出るため、全部の意見を取り入れることは難しいこともあります。その場合、5％未満の意見は「外れ値」として、優先順位を下げることができます。私は、研究

図12 ナッジによる生活習慣改善の研究66件の内訳

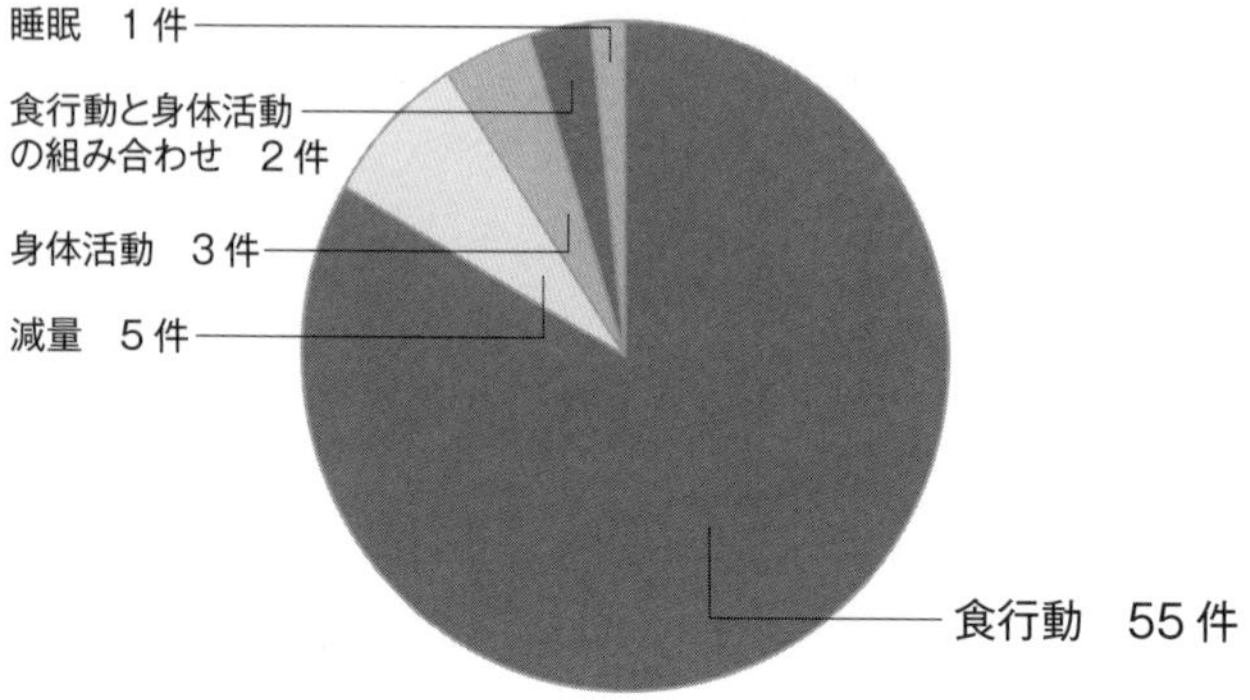
睡眠　1件
食行動と身体活動
の組み合わせ　2件
身体活動　3件
減量　5件
食行動　55件

において、ぶっつけ本番をしたことはありません。皆様にも予備調査をお勧めします。

(限界2) ナッジの効きにくい行動がある

図12[20]は世界の研究を整理した系統的レビューという論文の結果です。健康行動の中でもナッジの効きやすさには差があり、食行動に比べ健康活動はナッジの事例報告が少ないです。

食行動と身体活動では、なぜこんなに差が出たのでしょうか？　具体的な場面をイメージしてみます。

私たちは食堂で注文したものが出てきたらそのまま食べます。このように、食に関しては「気が変わったから、キャンセルします」となることは滅多にありません。しかし、ジムの予約となると、せっかく予約しても「ピッタリの運動靴が見つからない」「筋肉痛が心配」「その日は残業が入るかも」といった事情によってキャンセルすることがあり得ます。ジムでは予約から利用までのプロセスが長いので、途中で離脱する可能性が高くなります。ナッジはそっと後押しする働きかけであり、長いプロセスに耐えるほどの力はないのです。

（限界３）継続するほどの力がない

ナッジは象の心を開いたり一歩踏み出したりするのに向いています。でも、ナッジで行動定着まで期待するのは無理なことです。私は「ナッジで行動変容ステージを1段階昇る」といったくらいの感覚でナッジを用いています（図13）。

行動を継続するには、教育によるリテラシー向上でブーストをかけるのがよいです。しかし、教育を実施しても最初の一歩すら踏み出せない場面もよく見られます。そんな時にはナッジと教育を組み合わせることがお勧めです（ナッジを取り入れた健康教室の話はＰ75～参照）。

（限界４）日本での研究が不足

これまでのナッジの研究の大半は欧米で行われたものです。欧米で効果があったナッジ

図 13 行動変容ステージのイメージ図

を日本で実施しても、同様の効果が出るかは100％保証できません。ナッジの効果は、社会環境や文化、制度の影響を受けます。日本人にも効果があるナッジを探すには、私たちが研究と実践を重ねて検証していくことが急務です。

そのため、私たち研究者は日々ナッジの研究を続けています。一緒に実践してくださる方がいると嬉しいです。

Q　ナッジは自分自身にも使えますか？

はい、使えます。象にとって、将来の自分はもはや他人です。象使いが少しでも機能しているうちに、象が大暴れしたりふてくされたりする時間や場所を予測して、あらかじめナッジを仕掛けておくことを「セルフナッジ」と言います。セルフナッジの典型例として「実行意図の書き出し(P54〜参照)」「実行意図の宣言」「リマインド」があります。

例えば私は夜になると、スマホでYouTubeを見るのがやめられませんでした。特に見たい動画があるわけではないのに、むしろ「見たい動画を見つけるまで見続ける」という行動をしてしまうのです。夜になると現状維持バイアスが強くなり、一度スマホを手にしたら、手放せなくなります。

このため、家族に「21時過ぎたらスマホの電源を切る」と宣言し、21時にアラームを鳴らし、「うっかり」を防ぐようにしました。象は面倒くさがり屋なので、電源オフにした後、再度オンにすることはしたがりません。このセルフナッジをするようになってから夜のスマホで悩むことはなくなりました。

Q 国の通知でナッジを目にする機会が増えましたが、表現が難しくてよくわかりません

ナッジを学ぶ中で、多くの人がつまずくのは、ナッジの定義がわかりづらいことです。ナッジの定義は「選択を禁じることも経済的なインセンティブを大きく変えることもなく、人々の行動を予測可能な形で変える、選択的アーキテクチャのあらゆる要素[21]」です。

この定義は、2つに分けて考えると、理解しやすいです。

前半の「選択を禁じることも経済的なインセンティブを大きく変えることもなく」は、人を動かす4段階（P50〜51参照）のうち、「（象使いを動かすのには有効な）強制やインセンティブ、逆インセンティブを使わない」ことを意味します。ナッジは、これらを使わずに象を動かす手法です。

後半の「人々の行動を予測可能な形で変える、選択的アーキテクチャ（設計）のあらゆる要素」が多くの人たちが悩む点です。でも、今なら皆様は「なぜ人の行動が予測可能なのか？」は自信をもってお答えできると思います。それは私たちが象の習性を理解したからです。エビデンスのお陰です。

また、ナッジは「リバタリアン・パターナリズム」と表現されることがあります。リバタリアンというのは「自由放任主義」のことで、情報提供をした後は相手の好きにさせるイメージです。これに対してパターナリズムは「父権的」と訳され、「こうしなさい」と指示するイメージです。ナッジがリバタリアン・パターナリズムと呼ばれるのは、両方の性格を有しているからです。皆様も目標に向かって進もうという時に、完全に放っておかれると不安になり、かと言って、こと細かく口出しされると不快になるものですよね。面倒くささを取り除き動きやすくした上で、望ましい行動へと背中を押し、でも最後は本人の自発性に任せる――これがリバタリアン・パターナリズムのイメージです。

コラム● 経済学と行動経済学（上級者向け）

経済学は限られたリソース（人・物・金・情報・時間など）を最適配分して、満足度の最大化を追求することを目的とした学問です。この目的を実現するには、「人がどのように行動すると幸せになるか？」がテーマになります。

伝統的な経済学では「人は合理的」という前提を持つため、ランチのメニューを選ぶ時でも、お店の全ての情報とそこから得られる満足度を比較検証して、どんな合理的行動をするのかを分析します。でも、全てにおいて合理的な人は滅多にいるものではなく、現実世界の人たちは合理性が限定的です。

例えば住居を購入する場面では、私たちは長期的な視点で考えます。よほど気が大きい時でもない限り、最初に目に入ったチラシに掲載されている物件を即決することはしないです。しかし、ランチを選ぶ時に、住居購入と同じように熟考すると昼休みが終わってしまいます。だから、健康のためにはランチは野菜プレートにしたほうが良いとわかっていても、何となく最初に目についたラーメンセットを頼むことがよく起きます。このように、時に象の習性に振り回された行動をする人のための幸福追求の学問が行動経済学です。

コラム● ナッジのあゆみ

行動経済学は2002年にダニエル・カーネマン教授（米国プリンストン大学）がノーベル経済学賞を受賞したことによって注目を浴びました。なお、ダニエル・カーネマン教授は心理学者であり、長年共同研究していた経済学者のリチャード・セイラー教授（米国シカゴ大学）が受賞しなかったことは、私は当時意外に感じました。この時点で、コミットメントや実行意図などの習性に作用して行動を後押しするアプローチは報告されていましたが、まだ「ナッジ」として名づけられていませんでした。

ナッジが体系化され、広く知られたのはリチャード・セイラー教授とキャス・サンスティーン教授（米国ハーバード大学）が2008年に出版した「Nudge（邦題：実践行動経済学）」によってです。

2010年には英国政府内にナッジ・ユニットと呼ばれるナッジを推進するためのチー

ムが設置されました。これ以降、先進諸国や国際機関を中心に200以上のナッジ・ユニットが設立されています。ナッジは単独の部署でそれぞれバラバラに実施するよりも、知見を組織横断的に共有して実施したほうが効率的です。この考え方も経済学的だと感じます。

日本でも2017年に環境省を事務局に「日本版ナッジ・ユニット」が設置されました。これ以降、他の省庁や自治体、企業でもナッジ・ユニットが作られました。私が関わっているナッジ・ユニットは、第3章で紹介します。2017年にリチャード・セイラー教授がノーベル経済学賞を受賞し、2019年には閣議決定された「成長戦略実行計画」にナッジが盛り込まれたこともあり、ナッジは注目が高まるようになりました。

ナッジは、これまでは経済学や心理学系の大学で教えられていました。近年、厚生労働省が掲げた健康戦略の「健康寿命延伸プラン」で、ナッジを活用した健康環境づくりを推奨していることもあり、ヘルスケアにナッジを活用する流れが活発になりました。

管理栄養士の国家試験にナッジに関する問題が出題されています。問6は過去の管理栄養士国家試験で出された問題です。皆様もぜひチャレンジしてみてください。

答えは②で、第3章で類似事例を紹介します。①は啓発に該当し、③は他の選択肢を禁

問6

K大学の学生食堂では、全メニューに小鉢1個がついている。小鉢の種類には、肉料理、卵料理、野菜料理、果物・デザートがあり、販売ラインの最後にある小鉢コーナーから選択することになっている。ナッジを活用した、学生の野菜摂取量を増やす取組として、最も適切なのはどれか。1つ選べ。

① 食堂の入口に「野菜は1日350g」と掲示する。
② 小鉢コーナーの一番手前に、野菜の小鉢を並べる。
③ 小鉢は全て野菜料理とする。
④ 小鉢の種類別に選択数をモニタリングする。

じているのでナッジとして相応しくなく、④は実質的に「何もしない」に当たります。ただし、「あなたが野菜を選ぶか、私たちはじっくりと観察していますよ」と書けば、野菜を選びたくなるナッジと言えそうですが、この問題ではそこまで解釈するのは難しいです。

Q　どんな場面にナッジは向いていますか?

象に任せっきりにすると望ましくない道を選んでしまう可能性が高い場面で、ナッジが向いています。ナッジが使いやすい3つの場面を紹介します。

場面1）タイミングにギャップのある行動を判断する場面

「面倒くさいのは今、効果が出現するのは将来」というタイミングにギャップのある行動（P21参照）では、象は目先の誘惑に流されやすくなります。私もそうでしたが「夜遅くまでスマホをしていると、翌朝つらくなる」とわかっていても、象はスマホを手放せないのです。

このような習性に対し21時になったらアラームをかけてスマホの電源を切るという、「セルフナッジ」が有効です（P61参照）。

場面2）疲れている時や急いでいる時

疲れている時や急いでいる時は、象使いがあまり出てこないため、象がその場のノリで判断することも多く見られます。それでうまくいくとよいのですが、失敗も起きます。

先日、私は東京での会議が長引き、終電ギリギリで東京駅から最終の東北新幹線に乗ることになりました。改札を通ってすぐにエスカレータに乗りました。「出発1分前か。間に合った」と安心したのも束の間、ホームには見慣れない新幹線がいました。私は間違えて上越新幹線のホームに行ってしまったのです！

急いで階段を下り、東北新幹線のホームに走りましたが、間に合わず、東京でもう1泊することになりました。かなりの猛ダッシュでしたので、転ばなかったのが不幸中の幸いでした。

同級生にその話をしたら、同じ経験をした人が何人もいました。

象使いは冷静なので、ホームを間違うというヘマはしません。しかし、急いでいると象使いは出てきません。

象は目の前にエスカレータを見つけると、そのまま上がりたくなります。私がこの話をすると、「間違うのはボーっとしているからで、それは自己責任。そこまで面倒みるときりがない」と言われることもありました。

しかし、このままでは一定の確率で階段から転げ落ちて事故が発生することは、十分予測されます。

では、象の特性に沿ったデザインをしてみます。床に東北新幹線をイメージする若草色で矢印を描き、「東北新幹線はこちら」と示すと、急いでいて視野が狭くなった象も、おそらく見間違わないかと考えられます。それでも間違う人がいたら、階段の手前に「はやて号」の写真（図14）を掲載すると、気づく確率が高まります。

場面3) フィードバックがすぐに返ってこない場合

もしも、キャンディーを口にした瞬間、「虫歯進行度3%」、2つ目を口にした瞬間「虫歯進行度5%」とその場でダメージポイントがフィードバックされるのなら、すぐに食べるのをやめて、入念に歯を磨きたくなることでしょう。実際には虫歯は知らないうちに進行するので、キャンディーを食べ続け、歯も丁寧に磨きません。

フィードバックをその場で得られると、自発的に行動したくなります。健康行動するたびにポジティブなコメントがつくアプリでは、AIによる自動応答とわかっていても、嬉しいものです。

フィードバックがないと、やる気が失せることも多くあります。その典型例は、ボーリングです。もしも球を投げた先が暗闇で、ピンが何本倒れたかがわからなければ、それはもはや苦役であり、誰もやりません。ボーリングはその場でフィードバックがあるから楽しいのです。

さらに、不快感を与えて行動へと促すフィードバックも

図 14「はやて号」の写真

あります。その代表例は、車のシートベルト未着用時の警告音です。すぐに締めないと警告音がずっと鳴り続け、この不快さから逃げるためにはシートベルトを締めなければなりません。その効果もあり、日本のシートベルト装着率は、運転者が99・1％、助手席同乗者が96・9％[22]と高い水準です。

7　ナッジを使ってみる

Q　ナッジを使う際にコツはありますか？

野生の象と接するのと同様に、私たちの心にいる象に対しても、よく観察し、象に合った手法を選ぶ必要があります。詳しくは第2章で解説しますがここでは特にお勧めのプロセスを3つに絞って紹介します。

ステップ1）観察して障壁を取り除く

行動しない象にも何らかの言い分があります。でも、象はそれをうまく表現するのは難しいことが多いのです。だから、「象はどこで行動をやめ、そして何に対して嫌がっているのか?」をよく観察することが重要になります。それがわかると、象が行動をやめる箇所の障壁をなくすナッジが設計できます。

象は小さな障壁があるだけで行動をやめます。イベントに参加したいと思っていても、申込方法がファックスだけなら、そこで参加意欲が萎えます。補助金がもらえる可能性があっても、申請の手引が文字だらけなら、早々と諦めたくなります。相手が行動しないのは、象が小さな障壁を嫌がっていることが多いのです。相手が行動しないことを嘆く前に、どこで行動をやめるのかを見極め、そこにある障壁を取り除くことを試すだけで、象は喜んで動き出すかもしれません。

コラム● 動線に沿っている?

先日、白鳥が飛来する沼に行きました。柵に「鳥インフルエンザ対策として、靴を消毒してください」という張り紙がありました。でも、消毒液が置いている場所が書いていないのです。象使いは公衆衛生のリスクを考え、消毒液の場所を探しますが、象は周りを見回し「消毒液がないということは、本気でしてほしいわけではないんだね」「皆も消毒してないみたいだから、自分もいいか」と考える習性があります。

せっかく相手が一度は指示に従う姿勢を見せても、動線に沿った設計がされていないと、そこで行動が止まってしまいます。動線に沿っているか、そして実際に相手が動くか試すことを推奨します。

ステップ2）象を後押しする

障壁を取り除いてもなかなか動かない場合、象が動きたくなるような「プラスアルファ」を投入します。

まずは比較的すぐできる時間軸を変えるナッジをお勧めします。身近な例として健康教室を考えます。

ケース3●　会社員向けの健康教室を19時から開催したところ、10人が参加しました。最初に健保組合常務理事が5分間の挨拶の中で、「生活習慣の乱れは仕事の質の低下に繋がる」「健保組合ではこれまで人事部とともに健康改善の取り組みを行ってきたこと」を話しました。

1時間の座学の後、栄養士が「常に食生活に気を付けて下さい」と念を押し、今後の手続きと次回の開催予告を連絡して終えました。次回の参加者は5人に減りました。

この健康教室は、社員の役に立つ内容だったかもしれませんが、象に嫌われたようです。何が良くなかったのでしょうか? 研究1～3をご覧ください。

研究1● 参加者を2つのグループに分け、第1グループは頭を上下に揺らし、第2グループは左右に揺らしてラジオの演説番組を聴かせました。その後、番組の意見を尋ねたところ、第1グループは賛成意見が多く見られました。[23]

研究2● 実験参加者に7桁の数字を記憶させ、その際に目の前にサラダとケーキを出したところ、多くの者がケーキを選びました。[24]

研究3● 2人の患者が内視鏡検査を受けました(図15)。

患者Aは患者Bに比べ検査時間が短くトータルの痛みも少なかったですが、終わる直前の痛みだけが強かったです。事後に感想を聞いたところ、患者Aのほうが不満が強く見られました。[25]

研究1では、同じ内容を聞いたにもかかわらず、頷いたジェスチャーをしたグループが、拒絶したジェスチャーのグループよりも肯定的に受け止めました。象はジェスチャーという先行刺激に影響され、番組の評価を変えました。これは先行刺激バイアスという現象です。ケース3の健康教室に当てはめると、疲れている時間帯に開催し、当たり前のことや自分に関係のない健保組合の取り組みのことを言われたことで、象が心を閉じてしまった可能性があります。

研究2では、象使いは記憶することに忙殺されている間、象を制御することが難しくなりました。そして、象は甘いものが大好きで、[26]疲れていると衝動的に誘惑に飛びついてし

図 15 内視鏡検査を受けた2人の時間経過と痛み

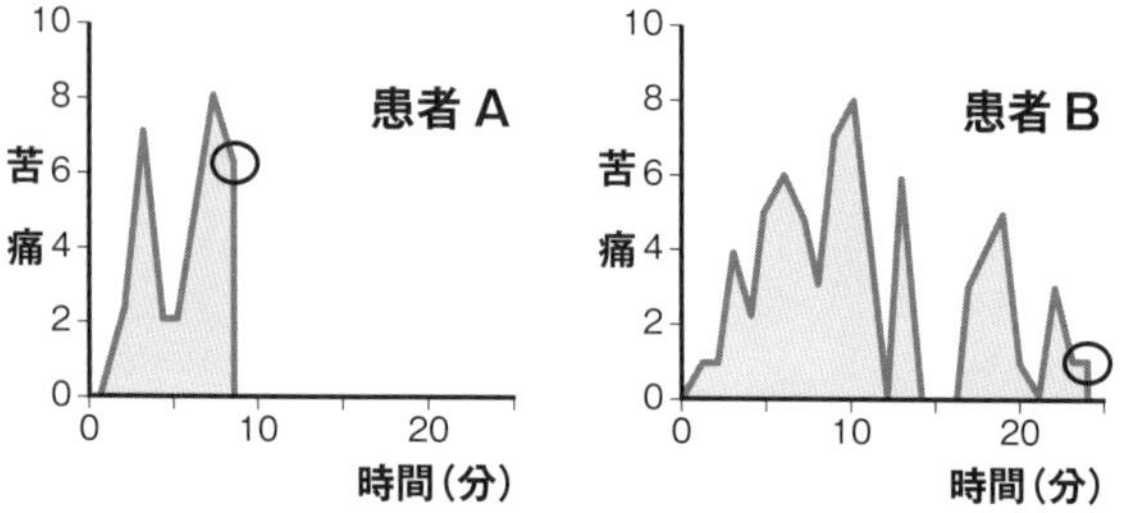

まいます。問3（P22〜23参照）では疲れた裁判官は直感的な判断をしました。その意味でも、相手に理性的な行動をしてほしい時は、疲れさせないようすることが重要です。ケース3では、疲れている時間帯に開催したために、象使いはエネルギー切れを起こしてしまいました。

研究3では、象は途中経過のことはほとんど忘れ、ピーク時と最後のことばかりを覚えていました。これの習性を「ピークエンドバイアス」と呼びます。皆様も、ずっと仲の良かった友達のことを思い出そうとして、真っ先に頭に浮かぶのが「ケンカばかりしていた最後の1か月のこと」だったとしたら、ピークエンドバイアスが発動した可能性が高いです。

【改善案】 健康教室は、疲れの少ない時間帯に開催して、ポジティブに開始してポジティブに終える設計にします。特に最初の長い挨拶と最後の事務連絡は、相手の満足度を下げるので、削除したほうがよいです。

「大事な話なのでしっかりと聞いてください」と力説したところで、象を力ずくで振り向かせるのは至難の業です。それよりは、「午後一番に行い、ポジティブな内容で開始し、笑顔で終える」といった形で、象の習性に合わせたほうが良い結果になりそうです。

Q　ポジティブに始めるにはどうすればよいでしょうか？

実際に私が実施した青森県職員向け健康教室（研究4）を紹介します。

研究4●　健康教室の冒頭に、先行刺激ナッジを用いて「努力が実を結んだ経験を発表し、周りの人が褒める」というグループワークで、参加者を「やればできるマインド」にしてから定期体重測定の重要性を伝えました。その結果、参加者の60％が半年後も体重測定を継続しました。[27]

努力が実を結んだ経験を褒められると、「どうせ無理」というマインドが「やればできるマインド」に変わります。[28]最初に象の心を開いてから、「定期的に体重測定をすると肥満予防になる」という座学を行ったところ、半年後も6割の人が体重測定を継続しました。一方、情報提供だけを受けたグループでの継続率は2％でした。いかに最初に象の心を開くことが重要なのかがイメージできたかと思います。

Q ポジティブに終えるにはどうしたらよいでしょうか？

私がお勧めするのは、終わる1分前になったら「あと1分です」と宣言することです。相手が多少退屈していても、あと1分とわかると、前向きになって聞いてくれるものです。そのタイミングで、とっておきのメッセージを届けます。逆に、ここでやってはいけないのは「言い忘れましたが」「あと」「それから」といった、「付け足しの言葉」です。これを言ってしまうと、今までの話にどんなによい印象を持っていたとしても、相手の象は「段取りが悪い話だった」という嫌な思い出を持って帰ってしまう可能性が高まります。言い忘れた話のことは「言わない」に限ります。言い忘れるくらいですので、たいしたことない話なのです。それにもかかわらず言ってしまうと、今までの話が全て台無しになってしまいます。着地点をあらかじめ決めておき、美しい終わり方をするようにしてください。そうすることで相手はあなたのお話全体をよい思い出として持ち帰ってくれることでしょう。

第2章では、がん検診をテーマに、象が自発的に動きたくなるようなナッジを紹介します。

第2章　象を動かすには？

1　実践的なナッジの使い方

第1章では、直感（象）と理性（象使い）の関係をお話ししました。象は働き者で力が強く、多くの判断を担当します。でも自分のことが大好きで、面倒くさがり屋の習性（認知バイアス）を持っているため、頭でわかっていてもうまく行動ができないことがあります。これに対し、象使いはじっくり考えた上で判断できるものの、力が弱く、象があらぬ方向に進んでも、それを制御しきれないことがあります。そこで、象の習性に沿った手法である「ナッジ」を使って、象が望ましい行動ができるようにサポートすることが求められるようになりました。

第2章では、「がん検診を受けたほうがよいと感じていながらも受診を先送りする人を、自発的に受けようとするには?」をテーマに、ナッジで象が動いていくメカニズムを解説します。

がん検診をテーマにしたのには、2つの理由があります。

1つ目の理由は、がん検診は命に関わる重大なテーマだからです。日本人男性の65・5%、女性の51・2%が一生のうちに1回はがんにかかります。[1] 象使いは確率を正確に理解できるので、「がん検診をすぐに受診しよう」と決断できます。でも、実際にはがん検診を受けるかどうかは、象が判断することが多いのです。象は確率を示されても、それに応じた適切な判断をするのが苦手です。当選確率2000万分の1の宝くじにはお金を払う一方、罹患リスクが50%を超えているがんに対しては検診が無料でも受けないという矛盾した行動が生じるのも、確率に基づく判断がうまくできない習性によるものと考えられます。そして、象はがん検診のように「面倒くさいのは今で、効果出現は将来」という行動に対しては、何となく先送りする方向にかじを切りたがります。その影響もあって、がん検診を受けない理由の第1位が「たまたま」といった現象が起きてしまいます（下図参照）。このような習性を持った象に対してナッジを用いて受診へと促すことで、たくさんの命を救うことができます。

２つ目は、がん検診に関するナッジは事例が多く、エビデンスが豊富だからです。その背景として、政府の戦略でナッジを用いたがん検診受診率向上を推奨[2]していることが挙げられます。私はエビデンスに基づいた話をするように心がけており、エビデンスの豊富ながん検診はテーマとして適しています。

Q　がん検診は受けない自由もあるのでは？

確かにがん検診を受けない自由があり、それは尊重されるべきです。しかし、ここで問題にしているのは、「受診意欲はあるけれどもたまたま受けていない人たちに対し、どう接していくのか」ということです。この人たちが実際にがんになった時に、

第1章図3（改変の上、再掲）がん検診の未受診理由（2007年、内閣府調査）

1位	**たまたま受けていない**	29%
2位	必要性を感じない	17%
3位	いつでも受診可能	16%
4位	時間がない	16%
5位	面倒	15%

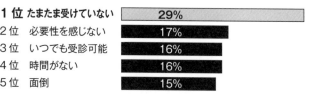

自分の選択に悔いが残らなければ、問題はないのかもしれません。しかし、象は本当に痛い目に遭うまでは、なかなか物事を深刻にとらえない習性があります。例えば、日頃は歯磨きに無頓着でも、虫歯で痛い目に遭ってから「毎食後には必ず歯を磨く」と誓った人も多いことでしょう。虫歯の場合はそれでもよいかもしれませんが、がんの場合は痛い目に遭った時にはもはや手遅れで、その時になって初めて「きちんと検診を受けておけばよかった」と強く後悔することが多いのです。

そして、日本の医療費の問題も深刻です。

検診を受けない人の医療費を、検診をきちんと受けている人が負担している状態が続いています。これは、がん検診受診を先送りしたことに伴う不利益を、本人だけではなく社会全体が負担していることを意味しています。このため、「受けてもいいかな」と考えているけれども受診を先送りしている人を完全に放置するのではなく、受診へ後押しするのは本人や社会のためになるものとしてコンセンサスが得られています。

あとは、「本人の自主性を尊重しながら、いかに効果的に受診へと促すことができるか?」が問題になります。

コラム● 友人のがん

10年以上前、友人ががんになりました。自覚症状が出た時には、既に手の施しようがありませんでした。亡くなる間際、彼は「がん検診をきちんと受けておけばよかった」と涙ながらに後悔の言葉を口にしました。私も涙が止まりませんでした。象が検診を後回しにしたことに対する結末が、早すぎる死――この悲劇は今でも世界中で繰り返し起きています。検診を受けないと、がんで苦しむ確率が高まるとわかっているにもかかわらず、象は検診を先送りする習性からなかなか逃れられないのです。この悲しみはもう終わりにしたいと心から願っています。

2 象が行動したくなるEAST

正しい知識を得ても、現状維持バイアスが強いと「今まで通りで大丈夫だろう」と考えるようになり、現在バイアスが強いと「いつかは受けようと思うけど、今じゃなくてもいいかな」と先送りしたくなります。一方で、これらの習性は味方につけると、行動促進要因になり得ます。

現状維持バイアスがうまく機能すると、一度受診した人は継続して受診するようになり、現在バイアスによって目の前の行動に集中できるようになります。これらの習性を味方につけるためには、体系的な戦略が欠かせません。

世界中の研究者が試行錯誤を繰り返しながら、象の習性に沿って促すことのできる設計である「ナッジ」を開発しました。

第1章では、ナッジは①「象の行動を邪魔する要因の除去」と、②「象が行動したくなる要因の付与」の２段階があることを紹介しました。

最初に阻害要因を取り除くことで象は自由に動きやすくなり、そして促進要因をうまく加えると象は背中を押され、一歩踏み出せるようになります。主に①の「阻害要因の除去」に該当するのが簡素化（Easy）ナッジ、②の「促進要因の付与」に該当するのが印象的（Attractive）、社会的（Social）、タイムリー（Timely）ナッジになります。これらの４つのナッジは、英語の頭文字を取って「ＥＡＳＴ」と呼ばれます。

ＥＡＳＴをイメージしやすくするために、「がん検診案内チラシを、ナッジを使って改善していく」というケーススタディを行います。主人公になりきって、一緒に考えてみてください。楽しいですよ。

ケース● あなたはA市役所のがん対策課長。検診の申し込みの起案が回ってきました。

図1－1　担当者が作成したがん検診案内チラシ

がんを早期発見できるチャンス
【がんのこと知っていますか？】

大腸がんとは、大腸に発生するがんで、ポリープががん化して発生するものと正常な粘膜から直接発生するものがあります。

胃がんとは、胃の粘膜の細胞ががん細胞となって発生します。

肺がんとは、気管支や肺胞の細胞が何らかの原因でがん化したものです。

乳がんとは、乳腺にできる悪性腫瘍です。

子宮頸がんとは、子宮の入り口に発生するがんです。

平素から健康増進行政の推進に当たり、格別の御理解・御協力を賜り厚く御礼申し上げます。さて、下記の通り令和5年度○○市健康増進課　○○市民活き活きﾍﾙｽｹｱﾌﾟﾛｼﾞｪｸﾄとして大腸がん・胃がん・肺がん・乳がんおよび子宮頸がん検診実施いたしますので、よくお読み、検診取組への御協力に取り組んでくださるようお願いします。

あなたがこの先思い描く未来を達成するために、がん検診をきちんと受けましょう！！

がんは早期に発見することが大切で、自分でも見つけることができますが、早期発見はがん検診が重要だと言われています。厚生労働省では定期的ながん検診受診を推奨しています。
※次に受診券を使って無料で受けられるのは5年後！！！さあ、あなたもがん予防に取り組みましょう
【保健センターとは】国の補助金を受け、20XXに設置された健康増進を目的とする拠点施設
検診の注意事項
・前日の夜9時以降の飲食は控えましょう。
・飲酒・激しい運動を控えましょう。
・体調が悪い時は受診を控えましょう。
・マスク着用と手の消毒を徹底し、朝は必ず体温を測りましょう。
・日頃から体調管理の取組に取り組みましょう。
当日は最初に受付で登録してください。
医療機関のQRコード
がんが遅く見つかって後悔

<集団検診>
集団検診とは、保健センターに集まって受診するスタイルの検診です。
日程：○○市民だより5月号をお読みください（検診ごとに日程が違いますので、ご注意ください）
場所：○○市保健センター2F
持ち物：受診票、お薬手帳など
申込方法：○○市保健センターまでお電話でお申込ください。
（000-0000）
申込期限：7月7日
<個別検診>
個別健診とは、各医療機関に出向いて受診するスタイルの検診です。
A医院
TEL111－1111
Bクリニック
TEL222－2222
C胃腸科内科
TEL333－3333
TEL444－4444
D病院

無料券が送られた人は無料！この手紙は無料券ではありません。
※検診で必ずしも全てのがんが100%見つかるとは限りません。「要精密検査」となった場合は、必ず検査を受けましょう。
定期健康診断や家族健診はこれとは別に申し込んでください。
<問い合わせ先>
○○市健康増進課総務係（市役所内線77）、がん対策係（内内線72）、指導係（内線73）
○○市保健センター（000－0000）

Ａ市のがん検診受診率はどの世代も50％以下。担当者が作成した起案に対し、決裁の段階でいろいろと加筆されています。何だかこのチラシは役所的で、あまり受診する気がわいてこない気がします。あなたはこのチラシをどのように修正しますか？

３　象に一歩を踏み出させる手順

「象に一歩踏み出させるパワーのあるチラシ」と「振り向いてもらえないチラシ」の差は、設計の手順にあります。象を動かすには「いきなりアイディア勝負にしないこと」が原則です。せっかくのアイディアでも、設計が間違っていれば、相手はストレスに感じるかもしれないのです。担当者はアイディアを詰め込むのに夢中なあまり、象に嫌われる要素をチェックする手順を省略してしまったようです。あなたが修正するに当たって、アイディア勝負にしてしまうと、ますますわかりづらくなる可能性があります。象に好かれるようなしっかりとした手順を経ることが必要です。ではどんな手順で進めるのがよいのでしょうか？　私がチラシ作成する時の手順を紹介します（表１―１）。これらはナッジやマーケティング（顧客を理解し、製品とサービスを顧客に合わせ、おのずから選ばれるようにすること）[3]の考え方に沿ったものです。

順に、解説していきます。

【手順1】「自分は象の群れの中にいる」とイメージする

担当者は「住民に検診を受けてほしい」との強い想いを持ってこのチラシを作ったはずなのに、住民は「こんなに見づらいチラシを作るだなんて、本当は私に受けてほしくないのかなぁ」と感じてしまいそうです。このすれ違いは、担当者が自分自身が象であることに気づかず、さらには相手のことも象だと認識していない状態でチラシを作ったために起きました。自分も相手も何者なのかがわからないままでは、一歩目から間違った方向に進んでいきます。私は、チラシ作りをする時もコンサルティングをする時も講演をする時も、「私は象。皆も象。今日の象たちは機嫌がよさそうだ」と、心の中で唱え、具体的なイメージを持ってからのぞみます。相手を「偉

表1−1　チラシ設計の手順

手順	内容
手順 1	「自分は象の群れの中にいる」とイメージする
手順 2	チラシのミッションを決める
手順 3	ターゲットを決める
手順 4	目標を決める
手順 5	最初と最後のメッセージを決める
手順 6	行動が止まっている箇所（ボトルネック）を見つける
手順 7	ボトルネックの克服で方法を検討する
手順 8	ナッジを再度整理する
手順 9	ターゲット層に聞く
手順10	効果検証する

大な象」としてリスペクトする姿勢を持たないと、私は無意識のうちに自分の考えを押し付けようとしてしまうことを知っているからです。この先も、象を主役にして進めていきます。

ケース● 図1−1（P84）チラシを相手の象に見せた時の様子をイメージしてみてください。あなたの思い描いた象はどんな状態でしょうか？

図1−2　チラシを見た時の象のイメージ

⑴関心を持つ
⑵すぐに申し込みをする
⑶不快感を示す

このチラシについて、私が実際に住民に調査を行ったところ、大半の人は⑶の「不快感を示した象」と答えました。このチラシは象には好かれていないことはわかりました。では、ここから象に好かれ、そして行動に繋げるようにするためには、どうすればよいのかを考えていきます。

【手順2】チラシのミッションを決める

次に決めるのは「このチラシのミッション（使命）」です。

チラシのミッションとは「ある行動が達成されたときに、このチラシは使命を終える」という、いわば「チラシに吹き込むべき命」です。ミッションを明確にしておかないと、チラシは死んだものになります。命が吹き込まれていないチラシで、象を動かすのは至難の業です。

今回のチラシのミッションは読んだ人が「がん検診に申し込むこと」に設定しました。受け取った人が無事に申し込んだら、このチラシはミッションを完了したことになります。あとは捨てられても構わないくらいです。なお、「前日や当日の注意事項を遵守してください」「当日忘れずに受診してください」といった申し込み後のことは、決定通知書やリマインドメールでのミッションになります。

また、がんの知識啓発に関してはミッションに入れないことにしました。

【手順3】ターゲットを決める

ミッションが決まった後は、５Ｗ１Ｈ（When（いつ）Where（どこで）Who（誰が）What（何を）Why（なぜ）How（どのように）に基づく設計をしていきます。具体的には、「誰をターゲットにする?」「どこで、なぜ行動が止まっている?」「何を目標にする?」「どのタイミングでどうやってナッジする?」を決めていきます。

まずはターゲットを決めておく必要があります。ターゲットを誰にするのかを曖昧にしたままだと、相手に振り向いてもらえないメッセージを盛り込むことになりやすく、これでは今までと同じ失敗の繰り返しになります。

ターゲットを決めるに当たっては、「どの行動変容ステージの人（第1章図13）をターゲットにするか」が重要になります。もしもあなたがナッジに慣れていないのなら、準備期の人（心の中で受診する準備ができている人）や実行期の人（受診しているものの、毎年定期的に受診するまでには至っていない人）をターゲットにすることをお勧めします。これらの人たちはあとひと押しで申し込みしそうな段階にいますので、取りこぼさないことに注力するのが効率的です。

逆に「がん検診に不信感を持っている」といった無関心層の人は、そもそもチラシを見ようとせず、仮に見たとしてもすぐに読むのをやめる確率が高いため、受診に繋げるのは難しいです。

手順3では、「ペルソナ分析」と呼ばれる手法を用いてターゲットの特徴を具体的に書き出すことで、具体的にイメージすることができます。私はペルソナ分析をする時には、実在の人物をもとに、図2―1のようにイラストを描き、「この人が申し込みをするにはどうしたらよいか？」と、自分ごととして置き換えて考えます。ここではターゲットとする人を「A子さん、50代女性、自営業、夫と2人暮らし。定期健康診断は3年おきに受け、がん検診もそのタイミングで受け

第1章図13（再掲）　行動変容ステージのイメージ図

る。未受診理由は、たまたま受けていない」と設定します。ちなみにこのA子さんは「私の初恋の女性は今頃こんな感じで暮らしているだろうな」ということを想像して作りました。初恋の人には、ぜひがん検診を受けて幸せな人生を送ってほしいという願いを込めて、A子さんがすぐに検診に申し込みたくなるチラシを作っていきます。

ターゲットの人物像を描いたことで、「A子さんはビジネスをしていて、マーケティングの知識がある。A子さんにとって、マーケティングの基本ができていないチラシは、見る気が起きない」「目が悪くなってきたので、細かい文字が苦手」といったことが推測できます。私の地域だけでも、A子さんのような

図2−1　ターゲットA子さんの人物像

50代女性、自営業、夫と2人暮らし。
定期健康診断とがん検診を一緒に
3年おきペースで
受けている。
申し込み
先送り

人はおそらく1000人はいることでしょう。象の習性に沿ったチラシへと改善することで、この1000人の命を救える可能性があるのです。

Q 無関心期の人をターゲットから外していいのでしょうか？

このケースでは、「チラシでの集団介入によるがん検診受診促進」をテーマにお話ししています。多くの無関心層はそもそも検診案内チラシをあまり読まないため、チラシだけで動かそうとすること自体に無理があります。無関心層の人には、声がけなどによる「個別介入での健康教育」のほうが向いています。

また、A子さんのような人が行動に移ると、「周りの人も受診したので、私も」と、ポジティブな同調バイアスが生じ、無関心層の人が関心期へと進む可能性が出てきます。その観点からも、まずはA子さんのような人を確実に受診に繋げるのに注力することをお勧めします。

Q 全員に伝わるチラシを作ればよいのではないでしょうか？

それぞれの行動変容ステージの人たちのニーズや状況が違う中で、全員に伝えようとすると、どうしても無関心期の人に合わせることになります。無関心層向けに「がんの説明」「早期発見の大切さ」「受けないことのデメリット」などの基本的なことを一通り丁寧に説明した後で、申し込み方法が最後に小さく記載されているチラシをA子さんが受け取った場合、以下のような問題が起きます。

（問題1） A子さんは、がん検診に関する基本的な事項は既に知っています。「日時と場所と申し込み方法を教えてくれれば、受けてもいいかな」と思っているのに、欲しい情報が一向に出てこないと、A子さんはイライラし、読む気が失せてしまいます。

（問題2） 象は「坊主憎けりゃ袈裟まで憎い」といった具合で、全体化してとらえる習性があります。これが高じると、A子さんはがん検診のお便りが嫌なだけだったのに、がん検診そのものが嫌になってしまう可能性があります。

がん検診の未受診理由のうち、「がん検診をたまたま受けていない人」が多かったことに対し、医療関係者はため息をついています。

でも、実はため息をつきたいのは、わかりづらい検診チラシを受け取った人のほうだったのかもしれません。

なお、私は基本的情報の必要性を軽視しているわけではありません。ただ、A子さんのような人に対し、ニーズに合わない情報を大量に提供すると、相手が疲れ果ててしまい、読むのをやめてしまうことがわかっているにもかかわらず、それが繰り返されていることを問題視しているのです。

【手順４】目標を決める

手順2で、このチラシには「がん検診の申し込みをさせる」というミッションが与えられました。しかし、相手はがん検診のチラシが届いても、「今まで大丈夫だったし、別に急いで受けなくてもよいのでは」という考えになりやすいのです。このため、まずは象に「今からここに進むんだね」というはっきりとした目標を示すことから始めます。

4 面倒をなくすナッジ

簡素化ナッジ①シンプルな目標

象は面倒くさいものが大嫌いなので、目標は簡素化ナッジを設計してシンプルなものにしたほうが動きやすくなります。

象は曖昧な目標に対しては動こうとしませんが、実現可能な具体的目標が示されると「それならやってみよう」という気持ちが生まれやすくなります。「具体的な目標を立てる」というのは、象に「矢印」のようにわかりやすい方向を指示することです。この先、矢印がキーワードになります。

では、がん検診のチラシではどんな矢印が相応しいでしょうか? 真っ先に思いつくのは、「がん検診を受けてください」というダイレクトな指示です。でも、ハードルが高く映る人もいるかもしれません。

そこで、目標を少し下げて「受診日時を今決めてください」にしてみます。これならきっと相手は、「やってみてもいいかな」と感じることでしょう。象は「自分が決めたことは守りたい」と考える習性があるため、日時を決めたら、実際に受診する確率が高まります。

コラム● 目標設定のSMART

目標設定に関しては、SMART (Specific (具体的に) Measurable (測定可能な) Achievable (達成可能な) Related (他の目標に関連した) Time-bound (時間制約がある))と呼ばれる枠組みがあります。今回設定した「受診日時を今決める」という目標は、これらを満たしており、特に具体的で達成可能な点において、象が動きやすい目標です。

【手順5】最初と最後のメッセージを決める

ここでは、手順2で決めたターゲットのA子さんを、目標である「受診日時を今決める」へと踏み出させるための明確なメッセージを考えていきます。

簡素化ナッジ②明確な矢印

目標と同様、メッセージは矢印のようにわかりやすい指示になっていると、象は動きやすくなります。今回のチラシでは、起案が回っていく段階で、いろんな人が手を入れていきました。その結果、矢印がノイズだらけになって、矢印としての機能を果たさなくなってしまいました。起案が回ってきた段階で、「矢印が明確になっているのか」について見直す必要があります。

矢印で大切なのは「最初」「最後」「一貫性」の3つです。手順5で最初と最後を先に決めることにしたのは、それを一直線に結ぶメッセージを作っていくことで、目標（矢印）がブレにくくなるからです。

順に説明していきます。

１）最初

象は最初に「何だか面倒」というイメージを持つと、「この先も面倒くさそう」と感じ、反対に出だしが楽しそうと感じると、しばらく楽しいイメージが続きます（先行刺激バイアス）。だから出だしには魂を込め、ノイズを決して入れないように洗練させる必要があります。特にチラシやメールでは、タイトルが重要になります。「タイトルは14文字以内（14文字ルール）」と言われるように、タイトルはコンパクトにしたほうがよいです。

タイトルをコンパクトにするために、最初にやるべきものは「〜について」といった、なくても意味が通じる事柄をカットすることです。「お知らせ」も削除対象です。この

図3　明確な矢印

チラシの目標は「お知らせすること」ではなく、「受診日時を今決めること」だからです。このような観点から不要な文字を削減していきます。

2）最後

象は途中経過のことはあまり覚えておらず、最後のイメージが記憶に残ります（ピークエンドバイアス）。「文字数が到達したから、ここでおしまい」という漫然とした終わり方では、よい思い出が残りません。

A子さんは、着地点が決まらないまま作ったチラシであることはすぐに見抜き、悪い印象を持ち続けてしまいます。だからこそ美しい終わり方になるようにベストを尽くす必要があるのです。

3）一貫性

最初と最後がよくても、目標が途中でブレるものは不快なものです。象は不快なものをやり遂げるほど我慢強くなく、目標は一瞬たりともブレないように細心の注意が必要です。チラシを作成する時には、つい「あれもこれも」と、たくさんのメッセージを盛り込みたい衝動に襲われ、その結果目標がブレそうになってしまうことがあります。それを防ぐために、私は最初に目標を「矢印」として脇に書き込みます。この矢印を見ると、「目標達成に繋がらないことは、一切書いてはいけないんだ」と自覚できます。

なお、この矢印は設計段階で目標やメッセージを見失わないために描くものであり、完成時には消去します。矢印を消した後でも、このチラシを受け取った人が「受診日時を今すぐ決めればいいいんだね」と、まるで矢印が浮かんで見えるかのようになるのが、望ましい形です。

では、「受診日時を今決める」へと促すには、チラシの最初と最後の言葉は何にするのがよいでしょうか? 今回は「現状のやり方ではなかなか受診しない人」をターゲットとしているため、「今までとは違います」ということを前面に出すのが効果的でしょう。そこで、タイトルは「がん検診が便利になりました」、最後の言葉は「今、カレンダーに記入してください」にしてみます。

【手順6】行動が止まっている箇所（ボトルネック）を見つける

タイトルと最後の言葉は決まりましたが、そもそもこのチラシは面倒くささやノイズが多く、そのたびにブレーキがかかっています。手順６では、行動が止まる箇所（ボトルネック）を見つけます。「プロセスマップ（行動を細分化したフロー図）」を作成することで、ボトルネックを見つけやすくなります。

トピック● ボトルネックの特定を厳密に行う場合には、被験者をモニターカメラで観察し、どこで行動が止まっているかを見つけ出します。

しかし、この測定方法は多大な時間も労力も費用もかかるため、次の方法で代用することが多いです。お勧めの順に記載します。

(1)検診を受けなかった人に直接聞く（「正直に答えない」という問題はあるものの、最も正確にボトルネックを特定できます）。

(2)専門家に聞く（専門家の得意分野によって答えが左右されることがありますが、エビデンスを含めて丁寧に教えてもらえます）。

(3)他のスタッフと話し合って推定する（最も労力もコストもかかりませんが、作る側の論理が入るため、主観的な評価になりやすいです）。

(4)エビデンスを調べる（調べたい事項と完全に同一のエビデンスがないことが多いです。その場合でも、類似のエビデンスから推測することができます）。

ここでは、次のようにプロセスマップを作成しました。なお、これは以前私が実際に作成したプロセスマップを簡略化したものです。

【チラシを受け取ってから申し込みまでのプロセスマップ】

１００％の対象者に送った
↓80％が封筒を開けた（開封で20％離脱）
↓60％が本文を読み始めた（タイトルで20％離脱）
↓40％が最後まで読んだ（本文で20％離脱）
↓35％が申し込んだ（申し込み手続きで5％離脱）

このプロセスマップから、封筒の開封とチラシのタイトル・本文の3か所が大きなボトルネックになっていることが見えてきました。

逆に言うと、読み終えた人の大半が申し込んでいたことから、いかにチラシを最後まで読んでもらえるかが勝負になります。

このようにボトルネックが特定できたことで、それを乗り越えるメッセージを作ることができます。でも、ボトルネックがわからない状態で作ったメッセージは、ノイズになる可能性が出てきます。

だから手順6はとても重要な作業になります。封筒の修正は後ほど行うため、ここではチラシについて考えていきます。

改めて矢印を入れた上でチラシを見直すと、たくさんのノイズや面倒くささが浮かび上がってきます（表2）。

「申し込んでみてもいいかな」と考えた象に対し、そのまま動きを止めずに申し込みへと繋げるようにするには、いかにノイズを最小化できるかにかかってきます。

ノイズがボトルネックになって、救えるはずの命が失われていくのは、実に悲しいことです。

図1－1（再掲）　担当者が作成したがん検診案内チラシ

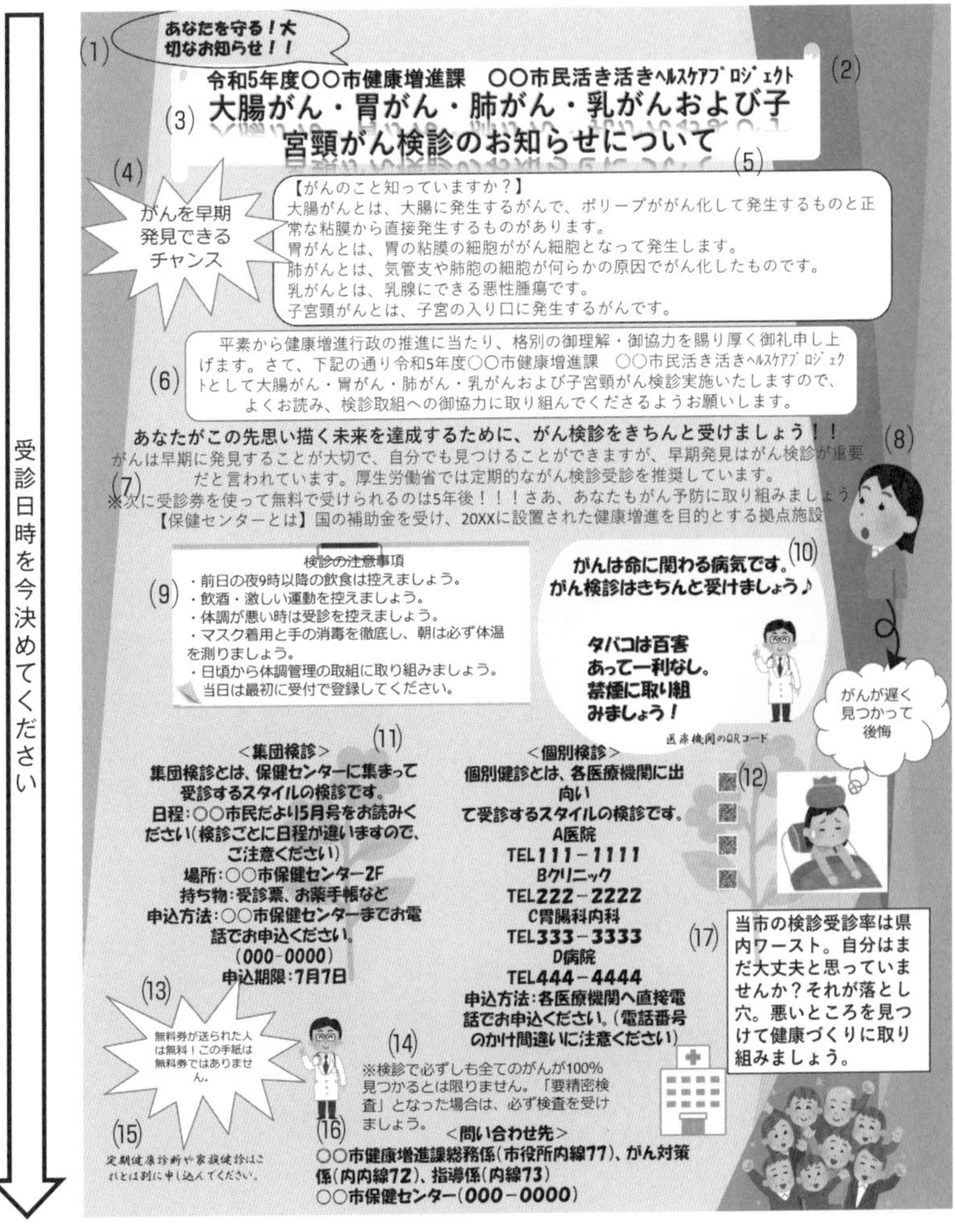
受診日時を今決めてください
(1) あなたを守る！大切なお知らせ！！
(2)
令和5年度○○市健康増進課　○○市民活き活きﾍﾙｽｹｱﾌﾟﾛｼﾞｪｸﾄ
(3) 大腸がん・胃がん・肺がん・乳がんおよび子宮頸がん検診のお知らせについて
(4) がんを早期発見できるチャンス
(5) 【がんのこと知っていますか？】
大腸がんとは、大腸に発生するがんで、ポリープががん化して発生するものと正常な粘膜から直接発生するものがあります。

胃がんとは、胃の粘膜の細胞ががん細胞となって発生します。

肺がんとは、気管支や肺胞の細胞が何らかの原因でがん化したものです。

乳がんとは、乳腺にできる悪性腫瘍です。

子宮頸がんとは、子宮の入り口に発生するがんです。
(6) 平素から健康増進行政の推進に当たり、格別の御理解・御協力を賜り厚く御礼申し上げます。さて、下記の通り令和5年度○○市健康増進課　○○市民活き活きﾍﾙｽｹｱﾌﾟﾛｼﾞｪｸﾄとして大腸がん・胃がん・肺がん・乳がんおよび子宮頸がん検診実施いたしますので、よくお読み、検診取組への御協力に取り組んでくださるようお願いします。
あなたがこの先思い描く未来を達成するために、がん検診をきちんと受けましょう！！
(7) がんは早期に発見することが大切で、自分でも見つけることができますが、早期発見はがん検診が重要だと言われています。厚生労働省では定期的ながん検診受診を推奨しています。
※次に受診券を使って無料で受けられるのは5年後！！！さあ、あなたもがん予防に取り組みましょう
【保健センターとは】国の補助金を受け、20XXに設置された健康増進を目的とする拠点施設
(8)
(9) 検診の注意事項
・前日の夜9時以降の飲食は控えましょう。
・飲酒・激しい運動を控えましょう。
・体調が悪い時は受診を控えましょう。
・マスク着用と手の消毒を徹底し、朝は必ず体温を測りましょう。
・日頃から体調管理の取組に取り組みましょう。
当日は最初に受付で登録してください。
(10) がんは命に関わる病気です。
がん検診はきちんと受けましょう♪
タバコは百害あって一利なし。禁煙に取り組みましょう！
医療機関のQRコード
がんが遅く見つかって後悔
(11) <集団検診>
集団検診とは、保健センターに集まって受診するスタイルの検診です。
日程：○○市民だより5月号をお読みください（検診ごとに日程が違いますので、ご注意ください）
場所：○○市保健センター2F
持ち物：受診票、お薬手帳など
申込方法：○○市保健センターまでお電話でお申込ください。
（000-0000）
申込期限：7月7日
<個別検診>
個別健診とは、各医療機関に出向いて受診するスタイルの検診です。
A医院
TEL111－1111
Bクリニック
TEL222－2222
C胃腸科内科
TEL333－3333
D病院
TEL444－4444
申込方法：各医療機関へ直接電話でお申込ください。（電話番号のかけ間違いに注意ください）
(12)
(17) 当市の検診受診率は県内ワースト。自分はまだ大丈夫と思っていませんか？それが落とし穴。悪いところを見つけて健康づくりに取り組みましょう。
(13) 無料券が送られた人は無料！この手紙は無料券ではありません。
(14) ※検診で必ずしも全てのがんが100%見つかるとは限りません。「要精密検査」となった場合は、必ず検査を受けましょう。
(15) 定期健康診断や家族健診はこれとは別に申し込んでください。
(16) <問い合わせ先>
○○市健康増進課総務係（市役所内線77）、がん対策係（内内線72）、指導係（内線73）
○○市保健センター（000－0000）

持ち物に「など」(→当日の持ち物は決定通知書に記載)
申し込みが電話のみ(→複数の申し込み方法を用意)。
電話番号に市外局番がない(→市外局番から記載)
⑿ＱＲコードが近すぎて干渉(→離して記載)
⒀実際に無料券がいつ送られてくるのか不明(→このチラシに無料券を同封)
無料券が送られない人はいくら費用が掛かるのかが不明(→料金表を記載)
⒁まだ申し込んでいないのに「要精密検査となった場合は、必ず検査を受けましょう」(→削除)
⒂定期健康診断や家族健診の申し込み方法が別なのは面倒(→まとめて申し込み可能に)。
⒃市役所の代表電話の記載なし(→記載)
内線１１なのか７７なのかが不明瞭(→ＵＤ系フォントに変更)
電話番号が複数記載され、どこにかけたらよいのか不明(→窓口を１本に絞る)
⒄「当市の検診受診率は県内ワースト」はネガティブな同調効果(→別の表現に変更)
「自分はまだ大丈夫と思っていませんか?それが落とし穴」と上から目線(→削除)

表2　ノイズや面倒　※（　）内は改善例

⑴ポップ体による視認性の悪化（→ＵＤ系フォントに変更）
　中途半端な場所での改行（→文節単位で改行）
　「！」の多用（→！を消す）
⑵見づらい背景（→背景のデザインを消す）
⑶巻紙にする必要性がない（→巻紙を消す）
　冗長なタイトル（→ 14 文字以内に抑える）
　半角カタカナや鏡文字（→全角にし、鏡文字は使わない）
⑷どぎつい形の吹き出し（→削除）
⑸必要性がない枠線（→枠線を削除）
　相手が当然知っている情報を専門用語で解説（→全部消去）
⑹センタリング（→左寄せに）
　役所的な挨拶文（→削除）
⑺「この先思い描く未来」は現在バイアスの強い人には響かない表現（→削除）
　ましょうの連発（→削除）
　「取り組み」の連発（→削除）
　矢印に必要のない保健センターの説明（→削除）
⑻役割のないイラスト（→削除）
⑼注意事項を今書いても、当日忘れられる（→削除）
　めくるものと誤認させるような、折り目のデザイン（→削除）
⑽意味のない「♪」（→削除）
⑾背景の花のイラストによって視認性が悪化（→削除）
　過去の市民だよりを探すのが面倒（→このチラシだけで完結できる表現に）
　場所がわかりにくい（→地図を掲載）

ざっと見てみただけでも、これだけのノイズや面倒くささがあり、象がなかなか前に進めないのも無理はありません。この中で、特に質問が多い5点に絞って解説します。

1.「!」の多用（表2⑴）

「！」は本当に伝えたいメッセージに使うべきものです。それにもかかわらず、乱用してしまうと矢印がわかりづらくなる上に、相手はメッセージ疲労（メッセージが多すぎて、うんざりして読む気が起きない現象）を起こします。私は40か所以上の「！」が入っているチラシを見たことがあります。チラシの作成者に「このチラシで何を最も伝えたいのですか?」と聞いたところ、作った本人も「！」が多すぎて、真のメッセージを見失っていました。本人がわかっていないものが、相手に伝わるわけがありません。

メッセージ疲労によって「このチラシにエネルギーを根こそぎ持っていかれた」と象が認識してしまうと、次回、別のチラシが送られた時も読む気が起きない可能性が高まります。メッセージ疲労は象の大敵です。「！は本当に強調したい1か所だけ」と割り切ったほうが伝わりやすくなります。何より、チラシの冒頭の「あなたを守る！　大切なお知らせ!!」を見て、「これは大変！」とびっくりした人はほとんどいなかったことと推測します。

誰も驚かないようなものに対してまで「!」をつける必要はないのです。

2. センタリング（表2⑹ほか）

象は一貫性のないものが苦手です。この習性はメッセージ内容に関わるものだけでなく、レイアウトでも同様に見られます。特にセンタリングは、文頭の位置が行ごとに変わるという一貫性のないレイアウトに映ってしまい、視線が一定せず、読み手に負荷がかかります。左揃えにして視線を一定の位置にすることで、読みやすさが改善します。

3. 「ましょうの攻撃」（表2⑺）

誰でも知っている正論に「ましょう」を付けて連発するのが、通称「ましょうの攻撃」です。ただでさえ、既に知っている情報や役に立たない正論を言われるのは、嫌なものです。さらにそれが連発されると、象は不快になります。「ましょうの攻撃」は、典型的なメッセージ疲労の発生源です。

私は「禁煙しましょう」「早寝早起きしましょう」「お酒は控えましょう」などと、13回の「ましょう」が書かれたチラシを見たことがあり、すぐに目をそむけてしまいました。そのチラシを作った人は「禁煙しましょう」と言ったところで、相手は禁煙するわけがないということは十分知っています。それにもかかわらず、「ましょう」を付けると連発したくなり、それを見た相手はやる気を失ってしまう――これが「ましょうの攻撃」の怖さです。

私自身、がん検診の案内文に「がん検診でがんが見つかるかもしれません。がん検診を受けましょう」「健康づくりに取り組みましょう」と書かれていても、正直、「こんな当たり前のことを私が知らないとでも思っているの?」という気持ちが無意識のうちに込み上げてきます。

私が本当に知りたいのは、「がん検診の痛みはどの程度?」「がん検診の所要時間はどれくらい?」「がん検診でがんが発見できる確率は?」「がんが発見された後は、すぐに治療を受けられるの?」といった具体的に役立つ

図4　ましょうの攻撃

情報です。「ましょうの攻撃」の一方で、肝心の情報を書かれていないというチグハグさがあると、象はストレスを感じます。

象は無関心なように見えて、実は何をどうしてよいかわからずに困っているだけかもしれません。私は「ましょう」という言葉を一切使ってはいけないと言うつもりはありません。でも、使うのなら、1回だけにし、空いたスペースで相手の知りたい具体的情報を入れてみてはいかがでしょうか?

4.「前日の夜9時以降は飲食を控えましょう」といった当日の注意事項(表2⑨)

このチラシの目標は「受診日時を今決めること」です。「飲食を控えること」といった注意事項は、今回の目標の達成にあまり必要な情報ではありません。その意味で、これは案内の段階では矢印を見えづらくするノイズになり得ます。

なお、「当日の注意事項を守らせること」は、受診決定通知のミッションであり、今記載しても当日には忘れ去られる可能性が高いです。案内チラシから思い切って削除することを検討してみてはいかがでしょうか?

5. 意味のない折り目デザイン（表2⑨）

実際にめくる場面ではないのに折り目デザインをつけているもの（図5）はノイズであり、真っ先に削除対象にします。

折り目デザインをつける理由として「柔らかい印象を与えるため」という答えが返ってくることが多いです。でも、柔らかい印象を与えるのであれば、角を丸くしたほうがよいはずです（図6）。

また、「折り目デザインは重要箇所を強調するため」という意見も見られます。これは、本で大切な箇所が書かれているページの端に折り目をつけることからきたのかもしれません。しかし、重要な点を強調したいのであれば、「重要」と明記したほうがはっきりと伝わりやすいです。

私はこれまで多くの消費者に対してチラシの印象に

図5　意味のない折り目（ノイズ）

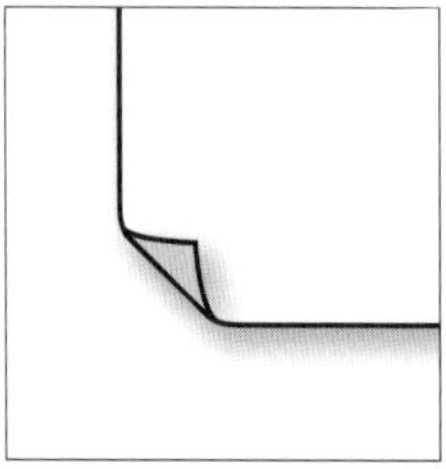

図6　角を丸くするデザイン（修正案）

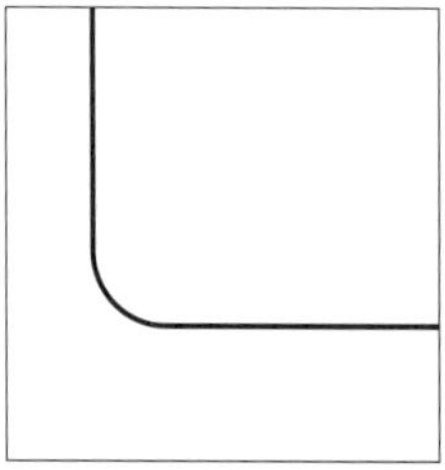

関する調査を実施してきました。その中で「折り目デザインをつけたほうが印象がよくなる」と答えた人はほとんどいませんでした。意味のない折り目デザインは、削除することを徹底してみてはいかがでしょうか?

コラム● めくらないのに折り目デザインはつけないで

私が折り目のデザインに対して好意的な印象を持っていないのには、個人的な体験も背景にあります。先日、ある公的機関から図5のような折り目がついたデザインのハガキが届きました。「圧着ハガキなのかな」と思って、一生懸命爪でこすっていたら、爪が割れてしまいました。それ以降圧着ハガキが届いても、こわくて開けられなくなりました。意味のない折り目デザインは、本当にやめてほしいです。

【手順7】ボトルネックの克服方法を検討する

ボトルネックが特定できたことで、それを克服するためのナッジを検討する段階へ進めます。

ボトルネックの克服方法には、情報提供やインセンティブなどもありますが、ここではナッジに特化して紹介します。
第1段階として、簡素化ナッジで阻害要因を除去します。

簡素化ナッジ③見やすさ

象は、見やすいものに対し警戒を解き、真実と感じる習性（認知容易性バイアス）があります。問1を見てください。

問1

どちらが正しいでしょうか？

① 青森県は秋田県よりも大きい。
② 青森県は秋田県よりも小さい。

正解は②で、青森県は全国8位、秋田県は全国6位の面積です。でも、この情報を知らない人は、読みやすい①を選ぶ傾向が見られます。①はUD（ユニバーサル・デザイン）フォント、②はポップ体で少し小さい字で書かれています。象は視認性が悪い情報に対しては、正しくないものと認識する可能性があります。視認性の悪いフォントとして、真っ先にポップ体が挙げられます。ポップ体は、お店で「**大安売り**」のポップに使うのには向いているのでしょう。でも、このチラシでは、**内線77**が内線11に間違われる危険性があり、トラブルの元です。がん検診のチラシにはポップ体を使わないことをお勧めします。

コラム● 高齢者はポップ体が嫌い？

１９８０年代、若い世代を中心に丸文字が流行りました。私はテストで正しい答えを書いても、文字が丸いという理由でバツにされました。メディアでも「丸文字は心の乱れ」と言われ、随分たたかれたものでした。どうやら当時の大人たちは丸文字を許せなかったようです。今、その時の大人世代の人たちが高齢者になりました。それを考えると、特に高齢者にはポップ体は避けたほうがよさそうです。

日本人の年齢の中央値が約50歳です。私は50代になって視力が悪化し、文字に影がついていたり、歪み文字や鏡文字になっていたりすると、焦点をうまく合わせるのが難しくなりました。ターゲットであるA子さんも50代で、私と同じ悩みを持っている可能性があります。このチラシを起案した担当者は若くて目がよいので、視認性が悪くても気にならなかったのかもしれません。

でも、それは作る側の都合です。A子さんがストレスなく読めるような、視認性のよいデザインにすることが求められます。

Q ナッジが効きやすい色はありますか?

逆に簡素化ナッジが効きにくい文字の色を考えていきます。文字に使うべきではない色は「パステルカラー」と「背景と同系色」です。淡い若草色のようなパステルカラーは、視認性が悪くて、目の悪い人にとって文字が書かれていることすら気づかないこともあるのです。私は視力が悪化してから、このことを実感するようになりました。

同様に、「オレンジの背景に黄色文字」といった、背景と同系色の文字も視認性が悪いです。ほかにも文字の色で難しいのは、「鮮やかな赤」です。この色は「どぎつい」と感じる人もいますし、何より仕上がりがイメージと違うことがあります。さらにコピーすると色があせてしまうのです。私は赤を使う時は、黒みがかった赤色を用います。視認性の観点から、白背景に黒色文字といったメリハリの効いた色を推奨します。

象は一貫性のないものを嫌がるので、文字やレイアウトの色が頻繁に変わると、ストレスを感じます。ベースとなる色を決め、３色以内に抑えることをお勧めします。

では、実際の簡素化ナッジを設計したがん検診案内を見ていきます。図７の左のがん検診案内を１５００人に出しましたが、新規受診者は１人だけでした。メッセージが不明確なので、象は読む気をなくしてしまったようです。自治体や健保組合では受診者を１人増やすために多大な労力や予算を投入しています。ここで、図７の右のようにシンプルにデザインしたところ、受診者が１３０人

図7　がん検診案内

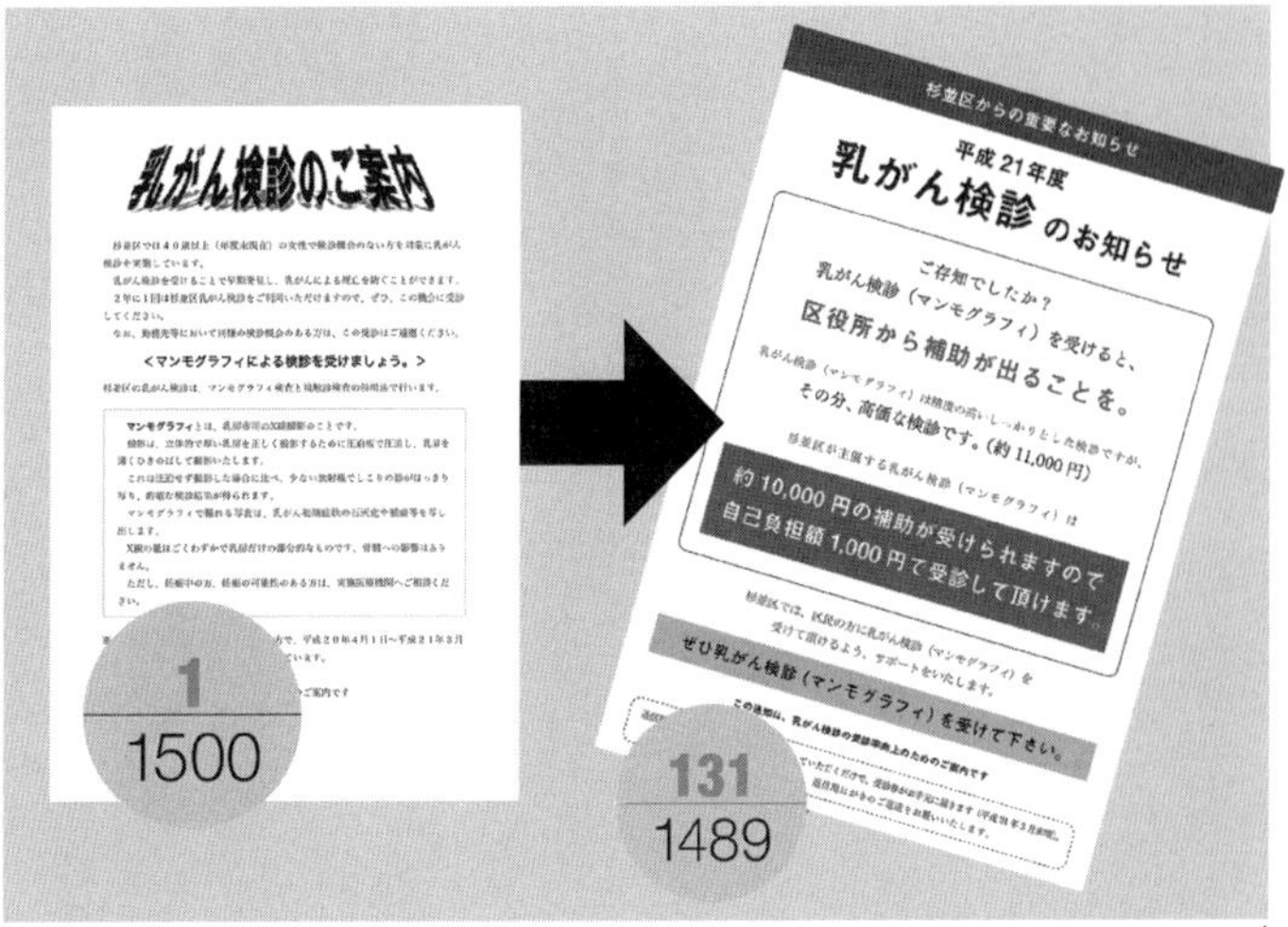

出典：厚生労働省ウェブ[4]

増えました。[4] ノイズが多いといかに象に嫌われるのか、イメージできたと思います。

Q　なぜノイズが多い案内を作ってしまうのでしょうか?

第1章で紹介したように、がん検診をたまたま受けていない人が多いです。それにもかかわらず、作る側が「がん検診を受けないのは、相手が無関心だから」と思い込んでしまうと、「受診率を上げるには、もっと情報を与えて関心を高めないと」という発想になり、「これでもか、これでもか」と情報を入れ込みたくなります。その背景には、象のイメージ(手順1)とターゲットとなる人物像の具体化(手順3)が不十分だったことが挙げられます。担当者は善意で情報を詰め込みましたが、象は読む気をなくし、ますます受診率が下がるという悪循環に陥ってしまいます。

また、作る側は「せっかく案内を送るのなら、メッセージは1つよりも10個のほうがよい」という欲求が出てくるものです。象使いが相手なら、たくさんのメッセージを受け取っても、全部処理できるので、問題は生まれません。でも、象はそうはいきません。「読むのが面倒くさい」と感じた瞬間に、「今まで受けなくても問題なかった」「別に今受けなくてもよくない?」という内なる声が語り掛けてきます。象はピュアなので、その声に「そうだよなぁ」と、素直に応じたくなります。

別の角度から、「10個の情報を与えられると、結局は1つも覚えられない」ということを示唆した事例を紹介します。

ケース● 世界で最も読まれた本は聖書です。聖書の中で、特に有名なものが「モーセの十戒」です。しかし、米国の成人でモーセの十戒を全部言えたのは14%で、71%の人は1つも思い出せませんでした[5]。

これほど読まれ、そして日常生活の規範になっているものでも、10個を覚えるのは難しく、多くの人は全部が思い出せなくなったようです。私自身、大学時代にキリスト教の講義でモーセの十戒を一生懸命覚えなければなりませんでしたが、テストの時に答えられたのは「唯一神」「偶像崇拝の禁止」「父母を敬う」「殺生の禁止」「盗みの禁止」の5つだけでした（他の5つは「あなたの神、主の名をみだりに唱えてはならない」「姦淫してはならない」「隣人に関して偽証してはならない」「隣人の家を欲してはならない」「安息日を覚えて、これを聖なる日とせよ」です）。

一方、同じ聖書の中でも、モーセが海を割ってエジプトを脱出した話（出エジプト記）は多くの人が詳細を覚えています。なぜ出エジプト記のほうが多くの人の記憶に残ったのでしょうか？　私が見た中で最も説得力のある説明は「1本のストーリーになっていたから」です[6]。一貫したストーリーにすると、象は興味を持ち、そして記憶に残りやすくなります。

コラム●　1の手順もストーリーで

表1－1（P86）の10個の手順も、全部丸暗記するのは大変ですが、1本のストーリーにすることで、記憶に残りやすくなります。

「自分は象。他の象が自発的にがん検診を受けるようにとのミッションを受けた。ターゲットは自分と同年代の女性の象をイメージ。まずは申し込みをするために、最初と最後の言葉を決めよう。相手をよく観察していたら、いつも同じ場所で行動が止まっていたので、そこでスムーズに動けるための方法を考えた。自分の考えを整理し、周りの象に聞いた上で、いざ大勢の象にやってみて、その結果を調べてみた」

皆様も、このようなストーリーだと頭に入りやすくなったのではないでしょうか？

もしも、このチラシの目標が「情報を渡すこと」や「クレームを言われても、反論できるようにしておく」であれば、情報は一貫していなくても構わないので、とにかくたくさん盛り込むのがよいでしょう。しかし、目標は「受診日時を今すぐ決める」であり、これは決してブレてはいけないのです。そのためにもメッセージは1つに絞ったほうが読みやすく、行動にも繋がりやすくなります。

Q　情報の取捨選択にコツはありますか?

アインシュタインは「物事はできる限りシンプルにするべきだが、シンプル過ぎてもいけない」と言いました。この絶妙なバランスを取るのは実に難しく、多くの方が情報を絞り込めずに悩んでいるのには、共感できます。ただし、断固たる決意の下で情報を絞り込んでいかないと、相手が困り果ててしまいます。

確かに全ての情報が多かれ少なかれ必要なのかもしれませんが、その中にも優先順位があります。「その情報を入れたことで、本当に象を動かすことができるのか?」を厳しく検討しないと、「必要なのかもしれない情報」がどんどん膨れ上がり、相手は真に必要なメッセージを見失ってしまいます。私たちが親切心や遊び心で入れたイラストや追加情報も、相手にとってはノイズになり得ます。だから、最も伝えたいメッセージに絞って、確実に伝えることにしたほうがよいのです。

「せっかく入れた情報なので削れない」という意見もよく聞きます。この心理の背景には、一度保有したものを手放したくない習性があると考えられます。これに対し、「矢印が明確になった状態」を最初に作り上げると、「せっかく矢印がクリアになったのに、ノイズで汚されたくない」というマインドが働きます。これは、部屋をきれいに片づいていて使い勝手がよい状態を経験すると、「物が増えて部屋が散らかるのが嫌」と感じる心理と似ています。だから、最初に矢印を明確に描いて、スムーズに動ける状態にしておく必要があるのです。

　文字を増やすのは誰でもでき、楽しい作業です。思いついたものをどんどん入れ込めばよいのですから。反対に情報を絞り込むのはスキルが求められ、厳しい作業です。だから、最初から「このスペースに入る情報量しか入れない」といった制約を課しておいたほうが楽になります。増やすのに時間を取られ、それを絞り込むのにも時間をかけていては、あなたの象が疲れ果ててしまいます。

コラム● ノイズの原因

私がチラシの監修をする時には、原案に比べて70％以上文字数を削減することもあります。特に文字数を増やす要因としては、⑴役所的な挨拶、⑵同じような内容の繰り返し、⑶念のための但し書き、の3つが挙げられます。これらは真っ先に削減対象になるので、最初から入れない形で案を作るほうが効率的です。

⑴役所的な挨拶

図1のチラシのように「平素から健康増進行政の推進に当たり、格別の御理解・御協力を賜り厚く御礼申し上げます」と書かれていても、受け取った人は自分が格別の理解も協力もしていないことはよくわかっており、全く心に響きません。事務的な挨拶は不要ですし、どうしても書くと言うのであれば、自分の言葉で「お元気ですか?」といった語り掛けるもののほうがよいのではないのでしょうか?

⑵同じ内容の繰り返し

これもよく見られます。1回書けばわかるのに、担当者は自分が書いたことを忘れて何度も繰り返しているとしか思えないチラシもあります。「重要なことだから2回書いた」という意見も聞かれますが、1回で確実に伝わるように書いたほうがよいです。さらに繰り返し出てくる内容なのに、1回目と2回目で表現が違うことも見られます。これでは「結局どちらが正しいのか？」と、読み手の象は思考の迷路にはまってしまいます。

(3)念のための但し書き

これもノイズの温床です。誰に突っ込まれても言い返せるように書いているとしか思えない表現も多く見られます。「誰かが誤解してはいけないから」というスタンスは大切ですが、入念な事前調査を行うことで、かなり解決できます。事前調査を行うことなく、想定される問題点を全部書いてしまうのは、作成者の都合によるアリバイ作りと言われても仕方ありません。何より、これでは受け取った人の象は、矢印を見失ってしまいます。

簡素化ナッジ④面倒な手続きの除去

ノイズを最小化したとしても、「手続きが面倒くさそう」と感じた瞬間に、象のやる気はみるみると失せていきます。私は先日、あるセミナーに興味を持ちましたが、申し込みフォームの記載事項が多くて、申し込みをやめてしまいました。主催する側からすると「これくらいの手続きの労力はたいしたことない」と思っていても、象にとってはそれが重い足かせになります。セミナーのように面白いものでも、小さな面倒があるだけで、象は立ち止まってしまいます。がん検診のように象が苦手な行動であれば、なおさら面倒を避けたがります。

図１のチラシでは、申し込み方法は電話のみでした。これだと、象は「窓口が開いている時間に合わせて電話するのは面倒」と感じます。

このチラシでは電話番号に市外局番が記載されていないため、わざわざ調べなければいけないという面倒くささも発生します。さらに１回電話をかけた時に話し中なら、再度かけ直すのはますます面倒です。

地図が記載されていないのも、あまり好ましくないです。地図の掲載と行動に関する有名な研究を紹介します。

研究● 大学生を2つのグループに分け、予防接種の説明をしました。Aグループには接種会場の名称を伝えたところ、大半が受診意欲を持っていたにもかかわらず、実際に受けた人は3％だけでした。Bグループは、接種会場を示した地図を渡し、日時や会場までの交通手段を決めるように促したところ、受診率が28％に向上しました[7]。

この結果から、「情報提供だけではあまり行動には繋がらなかったが、地図を示して日時とルートを決めて将来の面倒くささを事前に取り除いておくことで行動した人が増えた」と示唆されます。このことからも、地図を記載することをお勧めします。

簡素化ナッジ⑤初期設定の工夫

多くの人は携帯電話を買った当初の設定から着信音を変えていません。だから、他の人の携帯電話が鳴ると、自分の着信だと勘違いして一斉に反応するという現象が起きます。このような場合を避けるためにも初期設定の着信音を変えたほうがよいのにもかかわらず、面倒くさがり屋の象はわざわざ変えることはしたがりません。この「初期設定をそのまま受け入れる」という根強い習性は、行動の阻害要因にも促進要因にもなり得ます。

がん検診の案内も、封筒を受け取った後、ハサミで開封するというのは象にとって面倒くさい行動です。では、象に面倒くささを感じさせず、すぐに開封したくなるような初期設定にするにはどうしたらよいでしょうか? 例えば「地域振興クーポン券のお知らせ」に、がん検診の通知書を同封すれば、受け取った人は笑顔で開封することでしょう。このように、封筒を開けたくなるような初期設定にすると、開封率が低い問題は解決できます。

ただ、そんなにうまくタイミングが合うばかりではありません。その場合は、封筒に中身を明記することがお勧めです。「開けたら最後、面倒なことに巻き込まれるかも」と考えてしまう象でもこれなら安心できます。

これらの対応が難しい場合には、最後の手段として、封筒をやめてハガキにするのはいかがでしょうか？ ハガキにすると、開封というプロセスがなくなるので、面倒くささの問題が一気に解決できます。

無事に開封されたら、いよいよチラシに移ります。両方受けようと考えている人にとって、「定期健診とがん検診は同じ日に同じ場所で行われるのに、申し込みは別」という手続きは、ストレスのかかる初期設定であり見直したほうがよさそうです。福井県高浜町では「定期健診とがん検診のセット申し込み」とし、がん検診を受けたくない場合には申し出る様式に変えた結果、両方受けた人が36%から53%へと増えました。[8]

多くのがん検診は「受けたい人は申し込んでください」という、受けたい人が手を挙げる方式になっています。これを「あなたの検診を○月○日○時に枠を確保しました。キャンセルする人は申し出てください」という初期設定に変えると、受診者が増える確率が高まります。ただし、チラシの起案が回ってきてから初期設定を大きく変えるのは現実的ではないため、今回はここには手をつけず、来年度に向けた課題にしておきます。
どんなものにも初期設定があります。初期設定を漫然と作るのではなく、「象はどう反応するのか？」の視点を持つことで、相手は一歩踏み出しやすくなります。

【簡素化ナッジポイント】

ここで用いた簡素化ナッジは以下の通りです。

・矢印に一致していない情報の削除
・視認性確保のため、UDフォント
・タイトルは14文字以内
・地図を記載
・面倒くささを感じさせない申し込み方法（定期健診とまとめて申し込み可、手続きは1分で完了）
・料金を記載し、対象者には無料券を同封
・検診時間の目安を記載

ここまで、第1段階として簡素化ナッジで阻害要因を軽減しました。その結果、申し込みを邪魔する存在が減り、申し込みしやすくなりました。それでもA子さんの象が先送り

図８−１　簡素化ナッジを設計したチラシ

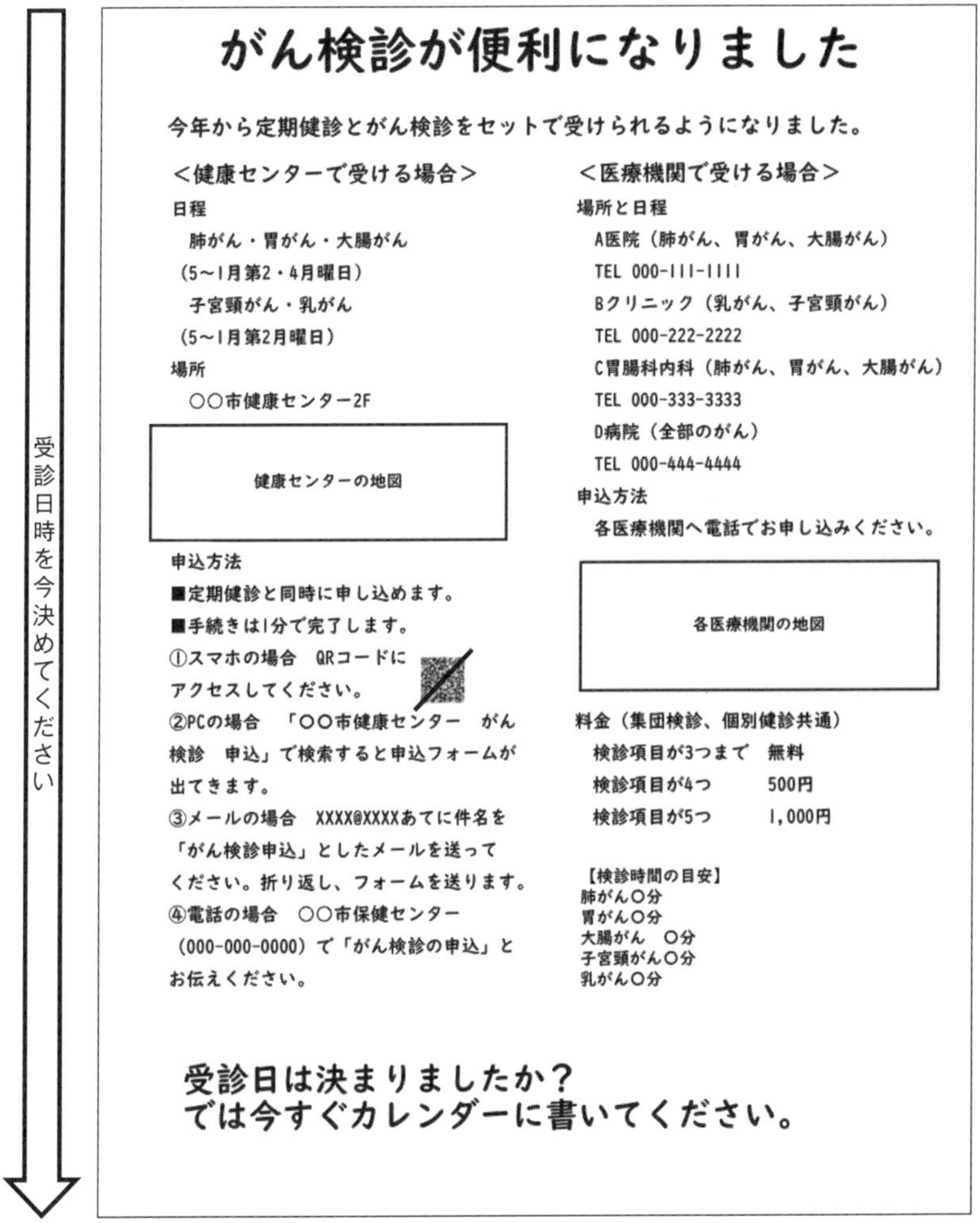
受診日時を今決めてください
がん検診が便利になりました
今年から定期健診とがん検診をセットで受けられるようになりました。
＜健康センターで受ける場合＞
日程
肺がん・胃がん・大腸がん
（5～1月第2・4月曜日）
子宮頸がん・乳がん
（5～1月第2月曜日）
場所
○○市健康センター2F
健康センターの地図
申込方法
■定期健診と同時に申し込めます。
■手続きは1分で完了します。
①スマホの場合　QRコードにアクセスしてください。
②PCの場合　「○○市健康センター　がん検診　申込」で検索すると申込フォームが出てきます。
③メールの場合　XXXX@XXXXあてに件名を「がん検診申込」としたメールを送ってください。折り返し、フォームを送ります。
④電話の場合　○○市保健センター（000-000-0000）で「がん検診の申込」とお伝えください。
＜医療機関で受ける場合＞
場所と日程
A医院（肺がん、胃がん、大腸がん）
TEL 000-111-1111
Bクリニック（乳がん、子宮頸がん）
TEL 000-222-2222
C胃腸科内科（肺がん、胃がん、大腸がん）
TEL 000-333-3333
D病院（全部のがん）
TEL 000-444-4444
申込方法
各医療機関へ電話でお申し込みください。
各医療機関の地図
料金（集団検診、個別健診共通）
検診項目が3つまで　無料
検診項目が4つ　500円
検診項目が5つ　1,000円
【検診時間の目安】
肺がん○分
胃がん○分
大腸がん　○分
子宮頸がん○分
乳がん○分
受診日は決まりましたか？
では今すぐカレンダーに書いてください。

してしまうこともあります。その場合は、第2段階として促進要因を加えていくことで、象の背中をひと押しできます。ここでは、使いやすさの観点から、タイムリーナッジ→社会的ナッジ→印象的ナッジの順に紹介します。

5　象の背中を押す

象の習性を理解し、最適なタイミングを見計らって行動を促す設計がタイムリーナッジです。

タイムリーナッジ①心が開いたタイミング

象はストレスがたまった時には自暴自棄な判断をし、心が開いたタイミングで言われると自然に受け入れやすくなるものです。例えば、NHKの番組『ガッテン！』でがん検診をテーマにした放送の直後に、自治体ががん検診案内を送ったところ、受診率が向上しました[9]。

これは番組視聴者が検診に関心が高まったタイミングを狙った連携プレーです。メディアとのタイアップが難しい場合でも、正月や引越で「新しいことを始めてみてもいいかな」という気持ちになったタイミングや、有名人のがんのニュースが報道され、がんに関心が高まったタイミングを狙うのならできそうです。

トピック●　定期健診とがん検診の申し込み方法を別々にすることは、簡素化ナッジだけでなく、タイムリーナッジの面でも問題があります。定期健診の申し込みが完了した後にがん検診の申し込み案内が来ても、「せっかくだからがん検診も一緒に受けておこう」という絶好のタイミングが過ぎてしまっているおそれがあるのです。自治体や健保組合においては、定期健診とがん検診の申し込みを一緒にできるようにすることをお勧めします。

ズレたタイミングで言われると、望ましくない行動を正当化してしまうことがあります。コラムをご覧ください。

コラム●　ズレたタイミング

私は近所の観光地の湖畔で、いつもリモートワークをしています。COVID-19の流行期に、その観光地の電光掲示板には「不要不急の外出を控えましょう」との表示がされていました。私はこれを「観光が不要不急の外出であり、観光は控えてください」として受け止めました。もし、その通りの意図なのであれば、ここで「控えましょう」と言っても、既に観光地に来ていますので、今さら引き返すこともできません。それどころか、これを見た観光客は認知不協和（第1章）が働き、「観光は不要不急ではない、大切な行動だ」と自分に言い聞かせるようになります。そして、これからも感染症流行期においても堂々と観光に出かけるという、メッセージの趣旨とは逆の行動を取ってしまうことが懸念されます。

政府が観光を控えてほしいのであれば、観光地のウェブサイトに掲げるか、観光地へ向かう幹線道路沿いにこの掲示をするといった、「まだ引き返すことのできるタイミング」で行うべきでした。ズレたタイミングで掲示すると、ゼロの効果だけではなく、マイナスの行動になり得るのです。

もし、心が開くタイミングをうまく把握できない場合は、スタート地点にナッジを設計して、相手の心を開かせるようにするのがお勧めです。最初にポジティブなイメージが生

まれると、その後に受けた内容も好意的に受け止める（先行刺激バイアス）ため、タイトルと本文の1行目が重要になります。

当初のチラシのようにタイトルが「令和5年度 ○○市 肺がん、胃がん、大腸がん、乳がん、子宮頸がん検診実施のお知らせについて」といった冗長なものだと、A子さんは「今は令和5年だから、書かなくても令和5年度ってわかるよ」「がんの名前をこんなにいっぱい書かなくてもいいのに」と、無意識のうちに添削を始めたくなります。そして、添削をしているうちに眉間にしわが寄り始めます（最初のチラシを見た皆様も、実は眉間にしわが寄っていたのです）。眉間にしわが寄った状態で目にした内容は、ネガティブに受け止められやすいです。そのためにも、冒頭ではノイズを徹底的に排除して心を開きやすくする必要があるのです。

また、最初に心を開かせても、時間の経過とともに最初の感動はあせていきます。そこで、最後にもナッジを効かせることで、よい思い出として記憶定着します（ピークエンドバイアス）。

トピック●「美しい終わり方」はチラシだけでなく、検診そのものの設計にも使えます。

象は「以前受けたがん検診では大変な目に遭った」ということを思い出すと、「今回はよしておくか」という気持ちになりやすいです。これは、検診をよい印象で終えることで避けられます。がん検診では前の晩から飲食ができないため、検診終了直後はのどがカラカラです。そこで、終わった時にスタッフから笑顔でおいしいレモンウォーターが手渡されると、受診者の象はその検診によい思い出を持つことでしょう。また、検診を受けて疲れた体で職場に行っても、あまりやる気が出ないものです。それが嫌なので受診しない人が一定数いるものと推測されます。もしあなたが会社の社長や人事部長なら、検診の日は一律で休暇にする制度を導入してみてはいかがでしょうか？　この制度により、社員は得をした気分になり、検診の日が楽しい思い出に変わりそうです。

「1日休ませるだなんて、とんでもない！　きちんと働いてもらわないと」と思う人もいるかもしれません。でも、検診を受けた後に働いても労働生産性はあまり高まらず、まして検診を受けずにがんの発見が遅れたら、何か月も休むことになりかねません。それよりは受診率を高めたほうが得策です。

トピック● 象はうっかり者なので、せっかく申し込んでも当日になると受診を忘れてしまうこともあります。これに対しては、受診日直前にリマインドをすることで、うっかりミスを最小化できます。当日の注意事項はこのリマインドに合わせて送ると効果的です。なお、セルフナッジ（自分自身へのナッジ）として、私は検診を申し込んだら受診前日と当日の朝にリマインドメールが届く設定にしています。さらに前日のうちに冷蔵庫の前に「朝食禁止」と張り紙をしておきます。以前はうっかり当日朝食を食べ、胃がん検診を受けられなくなってしまったことがありましたが、これらのリマインドをしたことでうっかりミスはなくなりました。

図2−2　無意識のうちにチラシの添削をするA子さん

大腸がん・胃がん・肺がん・乳がんおよび子宮頸がん検診のお知らせについて
がんを早期発見できるチャンス

トピック● 象は初めて見たものには警戒を抱く一方、何度も見ているうちに愛着がわき、信頼を寄せるようになる習性があります（単純接触バイアス）。チラシは、何度も目に触れるように動線上に貼っておくことで単純接触バイアスが働き、「申し込んでみよう」という気が起きやすくなります。特に大腸がん検診（検便）のチラシは、トイレの個室のドアに貼っておくのがお勧めです。トイレの個室では往々にして手持ち無沙汰で、真正面にチラシが貼ってあれば自然にそれを読みたくなります。さらに、日常生活において、数少ない「便に対して心を開く瞬間」なのが、トイレの個室です。心を開いた瞬間に何度も目にしているうちに、大腸がん検診に対するハードルが低くなることが期待されます。

タイムリーナッジ②締め切りの明記

象は締め切りがあったほうが行動しやすく、そして、締め切りの設定を工夫することで行動が変わってきます。

ケース● 大学生を3グループに分け、「3枚の原稿の校正をすること」という課題を出しました。第1グループには「3週間後に3枚提出すること」、第2グループには「3

週間にわたり毎週1枚ずつ提出すること」、第3グループには「自分で締め切りを設定し、3週間以内に3枚提出すること」と指示しました。3週間後に校正内容（質・量）を測定したところ、①第2グループ②第3グループ③第1グループの順に良い結果でした[10]。

第1グループは締め切りが遠くに見え、現在バイアスが発生して目の前の誘惑に飛びついた結果、直前に慌てて仕上げた可能性があります。それに対し、第2グループでは最初から締め切りが示されたことで、先延ばしを回避することができました。第3グループでは、締め切りを自分で設定したら、少し甘くなったようです。この結果から、短期的な締め切りをはっきりと示したほうが行動に繋がりやすくなり、逆に「いつでも提出可能」にすれば、ずるずると先延ばししてしまう人が現れることが示唆されます。

また、つくば市では市民向け調査の封筒に提出締め切り日を記載したところ、提出率が13%高まりました[11]。がん検診の封筒にも、申し込み締め切り日を記載することで開封率が高まると期待されます。心理学者のアドラーが「すべての悩みは対人関係の悩みである」と言ったように、私たちは多かれ少なかれ他人のことが気になっています。「他者とよい関係を築きたい」という象の習性に着目し、望ましい行動へと促すのが社会的ナッジです。

社会的ナッジは主に「同調効果（同調ナッジ）」「利他性」「コミットメント」の3つから成ります。

社会的ナッジ①同調効果

問2をご覧ください。この答えについてはいろんな意見が出てくるでしょうが、私が考える最もやってはいけない広報は、図9のように「受けていない人がたくさんいることを強調する表現」です。しかし現実世界で、このような広報は実に多く見られます。

なぜ図9の広報がよくなかったのか、次の事例から考えていきます。

ケース●　米国の国立公園では、来園者の

問2

住民A子さん（50代女性、自営業、夫と2人暮らし。定期健康診断は3年おきに受け、がん検診もそのタイミングで受ける。未受診理由はたまたま受けていない）は今年度のがん検診をまだ受けていません。A子さんに対して、**最もやってはいけない広報**は、どんなものでしょうか？

３％が化石の無断持ち出しをしていたので、「一人が化石をわずかにとっていくと、年間14トンにもなります」という看板を設置したところ、持ち出しが３倍近くに増えました[13]。

これは、少しでも持ち出しに興味がある人に対し、「皆が持ち出しししているのだから、自分１人くらいいいいだろう」という、逆方向の同調効果が発動したと考えられます。象にとって、他者と同じ行動をするのは、ホッとするものです（同調バイアス）。看板を立てるのなら「ほとんどのお客様は持ち出しをしていません」といったメッセージにしたほうがよかったのです。

図９　ネガティブな同調効果の効いた広報

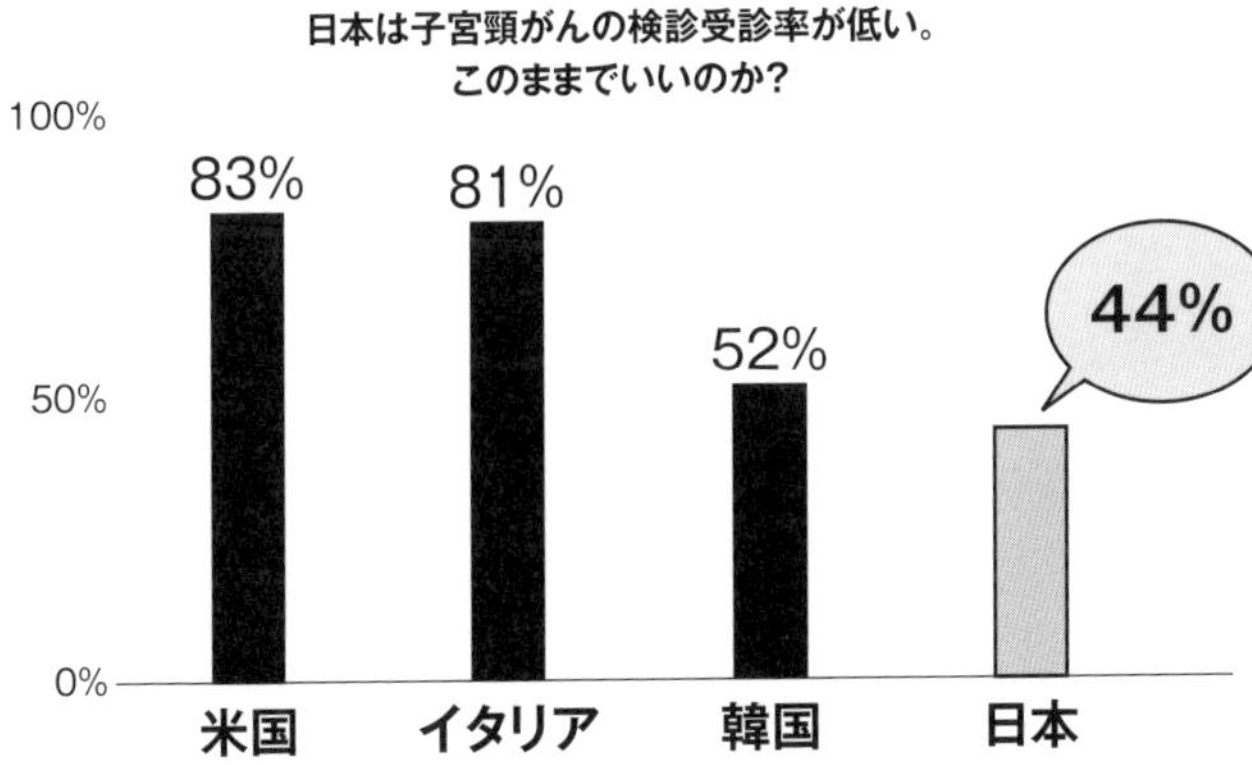

OECD. Stat を一部改変[12]

私たちは「まだ行っていないこと」を強調したくなりますが、そのような表現をやめるだけでも、象は望ましい行動へと動きやすくなります。

選挙前にメディアで「若者の投票意欲が落ちている」というニュースが報道されることがあります。この記事を見た若者は「皆が投票していないのなら、自分も投票しなくてよい」という逆方向の同調効果を引き起こし、ますます投票しなくなるという現象が見られます。

さて、図9では、わざわざレベルの高い諸外国の例を持ち出してまで、日本の受診率の低さを強調しました。これによって、受けようかどうか迷っている人は、「周りの皆が受けるようになったら、受けよう」と考えるようになり、先送りへと後押しする確率が高まります。問題意識を提起したつもりでも、逆方向の同調効果が勝ってしまうと、受診行動を抑制してしまうのです。相手の関心の低さを嘆く前に、私たちのメッセージが無関心へと促す同調効果を働かせている可能性をチェックしてみてはいかがでしょうか?

これに対し、同調バイアスはうまく設計すると、望ましい行動へと導く「同調ナッジ」になります。

ケース●　米国ミネソタ州では納税者をグループに分け、別々の通知を送りました。この中で納税に著しい効果を上げたのはどれでしょうか?[14]
(1)税金は社会のために役立っています
(2)税金を納めないと罰せられます
(3)住民の9割が納税義務を果たしています

　正解は(3)です。これらは順に(1)情報提供(2)逆インセンティブ(3)ナッジ（同調効果）に該当します。「税金はいつでも払えるし、別に今でなくてもよい」と何となく先延ばししている象に、「周りはきちんと納税している」と知らせたら、「自分は滞納している1割から脱出したい」と同調効果が働き、納税するようになったと考えられます。

　今まで何となくがん検診を受けない人も、

図10　ポジティブな同調効果の効いた広報

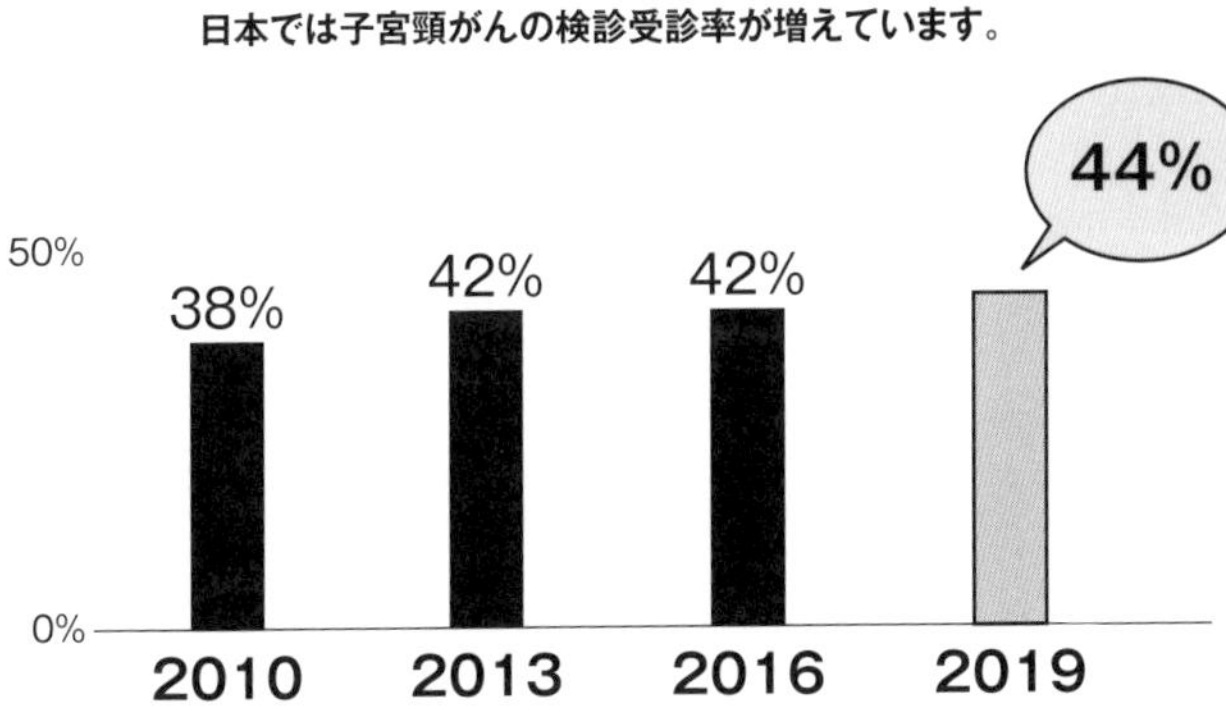
日本では子宮頸がんの検診受診率が増えています。
44%
50%
38%
42%
42%
0%
2010
2013
2016
2019

国立がん研究センターウェブ[15]を基に著者作成

周りががん検診を受ける人たちのグループに入ったら、何となく受けるようになるものです。それを踏まえ、図10の広報を図11のように変えてみました。同じスペースを使うのなら、「毎年受診率が少しずつ上がっています」と右肩上がりのグラフを示したほうが、象は受診へと後押しされます。

グラフの掲載が難しい場合には、「がん検診は大勢に支持され、人気です」ということがわかる文章を作成し、象に訴えかけるのがよいです。「昨年度がん検診を受けた人の89％が「今年もまた受ける」と回答」といった同調効果に訴えかけるデータがあれば、それを活用してください。あるいは「○月○日までは予約が埋まっています」「3月以降は予約が殺到します。お早めに予約を」と、大勢が予約していること示唆する内容を伝えることにより、象は「皆が予約しているのなら、今のうちにやっておくか」という気持ちになりやすくなります。

トピック● 情報量と手軽さの点で、SNS（ソーシャルネットワーキングサービス）は使い勝手がよいです。私には外国人の親友がいます。ある時、彼女がSNSで「がん検診を受けたら早期がんが発見された」と投稿しました。私は「ああ、何て声をかければいいんだろう」と悩んでいたところ、他の友人たちが「Awesome（素敵）!」「Congratulations（おめでとう）!」とコメントしていました。私は最初、お祝いコメントに違和感を覚えましたが、コメント数がどんどん伸びていくのを見て、「がん検診で早期がんを発見できたのは、めでたいことだし、勇気をたたえているんだな」と納得しました。そしてコメント欄には「私も受けるわ。ありがとう!」という投稿も見られるようになりました。「皆でがん検診を受けよう」というポジティブな同調効果が発動したのです。日本でもこのような文化が広がっていくと素敵ですね。

社会的ナッジ②コミットメント

私たちは他人に指示されたものより、自分で決めたもののほうが自発的に行動したくなるものです。さらに象は他人の視線が気になります。これらを組み合わせ、「自分が決めたことは守りたい」「それを守れなかったことを他人に知られるのは恥ずかしい」という習性に働きかけるナッジがあります。

それが「コミットメント（将来の自分の行動をあらかじめ縛っておく方法）」です。正月に今年の抱負を宣言するのは、コミットメントの典型例です。

自分で決めたことなら宣言しやすく、さらに宣言したことを実行しないと気恥ずかしくなるため、実行する確率が高まります。

コミットメントは医療の現場でも使われています。

ケース3● 英国の病院では、従来、受付職員が次回の予約日時を診察券に記入していました。これを患者自身に記入させる方式に変更したところ，無断キャンセルが18％減少しました[16]。

おっちょこちょいの象でも、自分が書いたことは忘れにくいものです。さらに受付職員の前で自ら記入したことが宣言のように機能し、「約束を破ると申し訳ない」という気持ちが強まったと考えられます。

コミットメントはがん検診受診促進にも用いられています。東京都立川市では受診予定日時を書き込める様式の案内を送ったところ、受診率が3倍に増えました[17]。これは自分自身に向けた宣言のはずでしたが、実際には家族の目に触れる可能性があり、コミットメントとしての機能が強化されたのかもしれません。このように、「受診する日時を書いてください」という様式にすることで、その通りに受診する確率が高まります。

トピック●　私が企業のセミナーで、「どうすればあなたの会社ではがん検診の受診率が向上すると思いますか?」と参加者に聞くと、真っ先に返ってくる答えが「社長から指示を出す」です。（実際に社長がメールを送ってくれるかは別として）社長から指示があれば、多くの社員はすぐに従います。

社長の指示を先送りにするとペナルティがこわいですし、逆にすぐに受診すると褒めてもらえるかもしれませんので、社長からの指示は有効です。

次に多く見られる答えは「上司をCcにしたメールを送る」です。上司に知らせることで、仕事の調整が可能になり、「忙しくて精密検査に行けない」という事態も避けられ、これも効果が期待されます。ただ、この2つは効果的ですが、相手にはどうしても「やらされた感」が残ります。このため、最終手段に取っておいたほうがよさそうです。

私がもしも総務担当者なら、まずは「検診を受ける日時が決まりましたら、すぐにお知らせください。あなたの日程が決まらないと、私が人事課に怒られてしまいます」というメールを送ります。「自分が検診を受けないこと」は正当化できても、「他人に迷惑をかける理由」はうまく思いつかないものです。このように「他人に迷惑をかけたくない」「誰かの役に立ちたい」という習性に働きかけるのが利他性ナッジです。

これは家庭内でも応用できます。「私のために検診を受けてね」と声をかけ、検診を受けたら「受けてくれてありがとう。おかげで安心したよ」と返事をする——これは相手も悪い気がせず、お互いが幸せになるナッジです。

社会的ナッジ③顔の見える関係

象は相手の顔が見えると、一歩進みたくなります。

問3をご覧ください。私は当初、「個別情報のAと全体情報のBの両方が記載されたCが最も多い」と考えました。しかし、答えはAです[19]（※注）。多くの人は、Bの統計数値を見て、「1100万人か……。あまりピンとこないな」と感じ、自分事にとらえなかったようです。それに対し、Aではロキアちゃんの写真を見ると、「自分の小遣いが彼女の1食分になる」と具体的なイメージがわき、寄付に繋がったと考えられます。この習性は「顔のある犠牲者効果」と呼ばれています。この習性はがん検診にも応用できそうです。自分のことを検査してくれる人が誰なのかがわからないと、象は不安になり、受けない理

※注　Aの文章は、正確には、「あなたが寄付したお金は、アフリカのマリ共和国に住む7歳の女の子、ロキアちゃんに送られます。ロキアちゃんはとても貧しく、深刻な飢えに直面しています。あなたの寄付は、彼女の人生をより良いものに変えます」です

由を考えたくなります。これに対し、「私が受付を担当します」「私が内視鏡検査を行います」と写真と名前付きで紹介した案内文を送ることで、不安が軽減される可能性が高まります。

問３

難民向け募金のポスターを３種類作りました。どのポスターが最も寄付を集めたでしょうか?[18]

A　マリ共和国の７歳の少女・ロキアちゃんは飢えに直面しています。(ロキアちゃんの写真つき)

B　エチオピアでは１１００万人が緊急食糧援助を必要としています。(写真なし)

C　AとBの両方の情報を掲載

コラム●　皆さんは友人から「皆様へ。誰か明日のシフトを代わってくれませんか?」と一斉メールが来たら、きっと「他の誰かが代わってくれるかも」と思って、まずは様子見してしまうのではないでしょうか。このように顔の見えないメッセージにすると、遠慮や後回しが生まれやすくなります。

ここで「〇〇さん、代わってください」

と指名されると、少なくともスケジュールの確認はするはずです。「あなただけ」という限定感があることで、行動に踏み出しやすくなります。

道路で倒れた人を介抱している時に「誰か救急車を呼んでください！」と叫んでも、周りの人は「他の人がやるだろう」と考えて誰もやらないことがよくあります。その場合は、「そこのあなた、救急車を呼んでください」と言うと、指名された人は自分事に捉え行動に移す可能性が高まります。「私からあなたへ」という顔の見えるコミュニケーションは、人を動かす原動力になります。

象は、印象に残らない情報には、あまり反応しません。このため、象が目を止めたくなるような表現にするのが印象的ナッジです。印象的ナッジとして、「魅力的な見た目」「メリットと損失の強調」「顔の見える関係」を紹介します。

印象的ナッジ①印象的な見た目

見た目が地味だと、象は素通りします。そうは言っても、あまり華美になると、象は疲れてうんざりします。このバランスをとるには、本当に目立たせたい1点に集中にすることをお勧めします。封筒が茶色の場合、他の封筒と紛れてしまう危険性があるため、色を変えるというのが有効です。ここでは、色を明るくし、さらに昔のエアメールのような「縁《ふち》取りするデザイン」を試してみます。これだと確かに目を引きそうです。

次にチラシへの印象的ナッジの設計に移ります。まずは第一印象をよくすることが重要です。象は長々とした文章を見た瞬間、目をそむけたくなります。そこで、私がよく使うのは、４コマ漫画です。多くの人は新聞を読む時は、まず４コマ漫画に目が行くものです。４コマ漫画は日常的に目にするものなので、象も受け入れやすいと考えられます。ボリューム的に４コマ漫画が難しければ、１ページを使ってコマ数を増やしたストーリー漫画にしてもよいかもしれません。

図11　印象的ナッジを設計した封筒

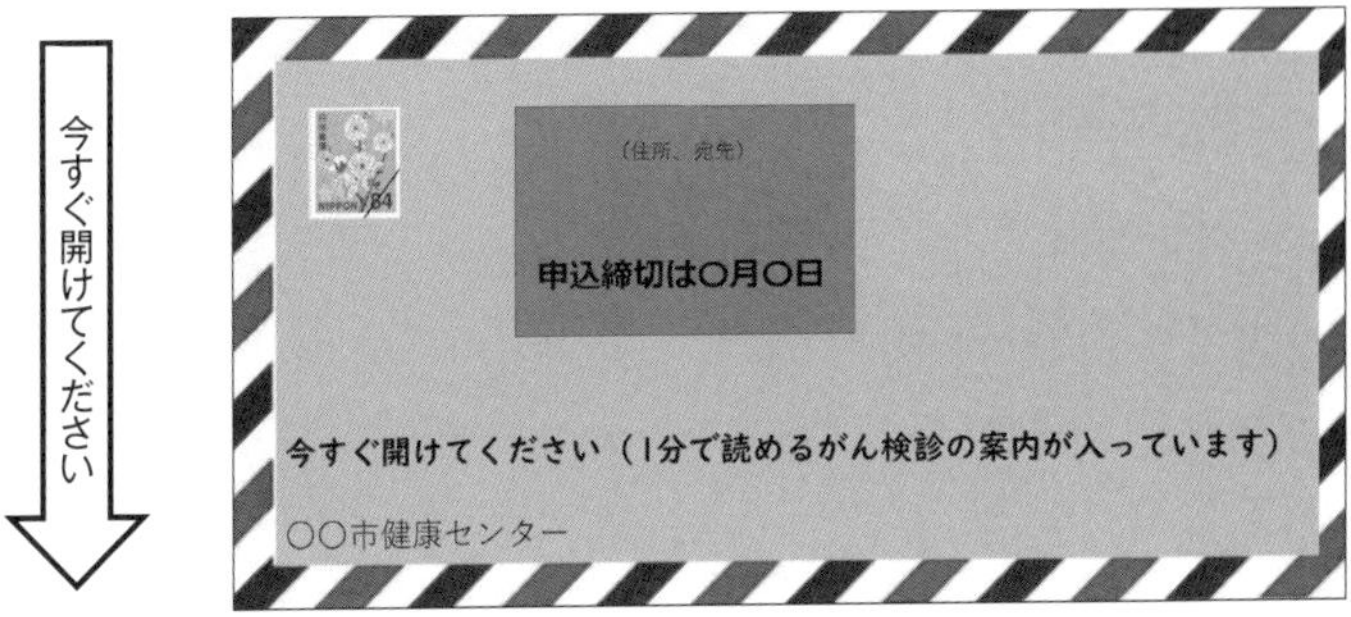

コラム● 日ペンの美子ちゃん

私が小学生の頃、2歳上の姉の部屋には少女漫画雑誌がありました。私は少女漫画にはあまり興味がありませんでしたが、雑誌の裏表紙に掲載されていた「日ペンの美子ちゃん」という漫画はよく読みました。この漫画は通信教材のプロモーションで、内容もパターン化していましたが、今でもその内容をよく覚えています。その話を同級生にしたら、同じく美子ちゃんのことはよく覚えていました。ストーリー漫画も1ページ完結くらいのボリュームだと読者を引き付け、そして記憶定着にも繋がるようです。

私の監修した漫画入りのチラシを2つ紹介します。

禁煙プログラムはどことなく説教くささが感じられるチラシが多く見られました。図12のチラシでは、喫煙者の心境を表した4コマ漫画を入れ（図12）、3回シリーズの連載にしたことで、少しずつ喫煙者の心を開いていく設計にしました。

また、これまでの特定保健指導のチラシと言えば、「配った瞬間にすぐ捨てられるチラシ」の代表格のようなものでした。

それに対して、図13のチラシは、１ページのストーリー漫画を入れ、「手に取る」「心を開く」「裏面をめくる」という流れを確立しました。

図12　禁煙プログラムチラシの4コマ漫画
（第１話のみ掲載）

提供：（株）さんぎょうい・（株）リンケージ

図13　特定保健指導のチラシ

提供：（株）アドバンテッジリスクマネジメント

このような形でがん検診のお知らせにも漫画を入れると、受け取った人は受診へと一歩踏み出しやすくなると期待されます。

印象的ナッジ②利得と損失の強調

「がん検診を無料で受けられます」と告知すると、象使いはすぐに反応します。象使いはインセンティブに敏感なのですが、象は必ずしもそうではありません。実際に、多くのがん検診は無料で受けられますが、受診率が50％を下回っているものも多く見られます。無料で命が助かるチャンスを得られるのだから、受けない理由はあまりないはずです。しかし、象はここで「無料だから質も低いのでは」「無料にするというからには、何か下心があるかも」と余計なことを考えてしまう場合も多いのです。こうなった象は、じっくりと考えるのが面倒になり、「もう少し様子を見てみるか」と、せっかくのチャンスを先送りしてしまいます。ここでも象の習性に合ったナッジが求められます。

「安かろう、悪かろう」と考えてしまう象に対しては「通常1万円のがん検診が、補助制度が使えるので無料です」のようにメリットを具体的な金額として伝えると、「無料なのは特別なこと」と素直に受け止めやすくなります。また、「がん検診を今受けずに発見が遅れると、入院日数が○日伸び、医療費○円の負担増に」と具体的なデメリットを数値で伝えることも、受診に目を向けやすくなります。

これがもしも「入院日数がとても伸び、医療費が思ったよりもかかります」という抽象的な表現では、「「入院日数がとても伸びる」と言っても、せいぜい数日程度だろう」「医療費も保険の範囲で何とかなるだろう」ととらえてしまいます。具体的数値を示さないと、なかなか伝わらないものです。

印象的ナッジ③差別化

差別化されたチラシは、平凡なものよりも印象的になります。「当市だけが実施している特別企画です」や「あなたが選ばれました」といった限定感があると、「これは見逃すのはもったいない」と感じることでしょう。特にがん検診の無料券を送る時には、「誕生日、おめでとうございます。来月になると失効します。忘れないように、すぐに申し込みをしてください」といったメッセージにすることで、損失回避バイアスにも訴求できます。

また、特別感を出すのが難しい場合には、差別化に繋がらない「役所的なもの」を削除することをお勧めします。他のお知らせが役所的っぽさ全開なものが多い中で、よい意味で「役所らしくないチラシ」が送られると、目に留まりやすくなります。

私たちが受け取るがん検診のチラシは、無料イラストが多用されているものが多いです。「有料イラストを使う予算がない」――これは使う側の論理です。ターゲットであるＡ子さんは「このイラストは無料で入手できる」ということを当然知っており、「またこのイラストか」「予算がなかったんだろうなぁ」「いかにも役所っぽいなぁ」という考えが浮かんできます。象は気が散りやすく、少し気になることがあるだけで本題が頭に入ってこないのです。だからこそ、魅力的ではないものを入れて余計な感情を刺激してはいけないのです。絶景の写真があっても、カメラマンの指が少し映り込むだけで、その写真の価値は激減します。象はマイナスポイントが気になってしょうがないのです。皆様の手元にある、役所的なお知らせを見てみてください。役割のない無料イラストが多くないでしょうか？必要性のない無料イラストをやめることで、社会的ナッジ③「顔の見える関係」（Ｐ１４４～１４５参照）で付け足した担当者の写真が引き立つ可能性が出てきます。

同様に、「ご当地ゆるキャラ」も安易に使用せず、相手の印象がどうなるのかを慎重に検討することをお勧めします。

印象的ナッジの注意事項

印象的ナッジをＥＡＳＴの中で最後に紹介したのには、理由があります。印象的ナッジは難しく、使い方を誤ると、逆効果になってしまう危険性が高いため、無理して印象的ナッジを盛り込む必要はないのです。しかし、多くの人は印象的ナッジを使いたがるようです。印象的ナッジは華やかな感じがするのも、その一因かもしれません。印象的ナッジを用いるに当たり、特に注意すべき事項を２つ紹介します。

１つ目の注意事項は、がんの恐怖を訴える表現を用いる場合は慎重な検討が必要だということです。がん検診に関しては、「リスク回避的な人ほどがん検診の受診率が低くなる」[19]という独自の習性が作用します。この習性は「検診でがんが見つけることや、その後に行われるがん治療をリスクと考えるため」と解釈されています。チラシのインパクトを強めるために、「がんはこわい」「発見が遅れると治療も長引く」といった恐怖感をあまりに強調した表現を行うと、象が怯えて「受けたくない」となってしまう危険性があります。特に、「今年受診しないと、あなたは来年生きていないかもしれません」「がんで亡くなった人の多くは、検診を受けずに後悔しています」といったメッセージは、たとえ正しいものであっても、多くの人にストレスを与えるものです。倫理的な観点から注意が必要です。

２つ目の注意事項は、インパクトを重視して奇抜な表現を用いると、矢印から逸脱しやすくなることです。確かに意外性のあるフレーズは、興味や関心を引き起こします。このため、あえて「おや?」と思わせるフレーズを入れることを推奨している人も多く、私もそのような手法をよく使います。しかし、これには「矢印から逸脱せず、簡素化ナッジに反しない限り」という前提があります。この前提の下で象に程よい刺激を加え、目標へとまっすぐ行動させることが求められます。例えばがん検診の効果に疑義を抱いている人がギャグ風の検診啓発の４コマ漫画を見ると、その意外な展開によって心を惹かれる可能性もありますが、大半の人はますます不安感が募ることでしょう。このバランスを取るには、まずはエビデンスのあるものから選ぶことをお勧めします。

穏やかな伝え方として、損失回避バイアス（利得の喜びよりも損失の悲しみを2倍以上大きく感じる習性）を刺激するナッジがあります。

ケース●　東京都八王子市では，大腸がん検診未受診者を無作為に2グループに分け，別々の勧奨通知を送付しました。グループ⑴には「今年度受診すれば，来年度も検査キットを送付します」と利得を前面に出したメッセージを，グループ⑵には「今年度受診しなけれ

図14　グループ⑴利得表現のメッセージ
（受診率22.7％）

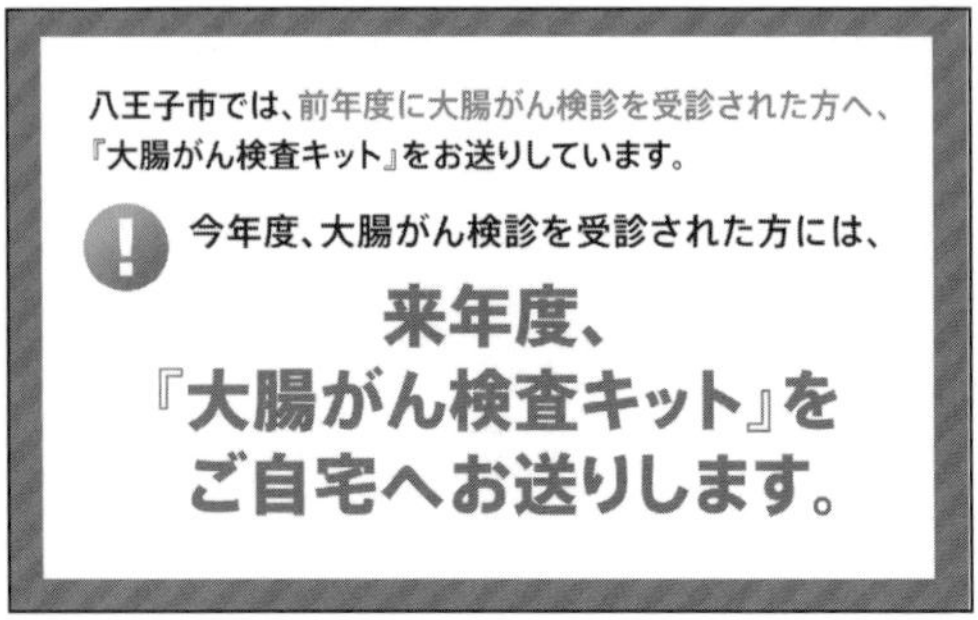
八王子市では、前年度に大腸がん検診を受診された方へ、
『大腸がん検査キット』をお送りしています。
今年度、大腸がん検診を受診された方には、
来年度、
『大腸がん検査キット』を
ご自宅へお送りします。

図15　グループ⑵損失表現のメッセージ
（受診率29.9％）

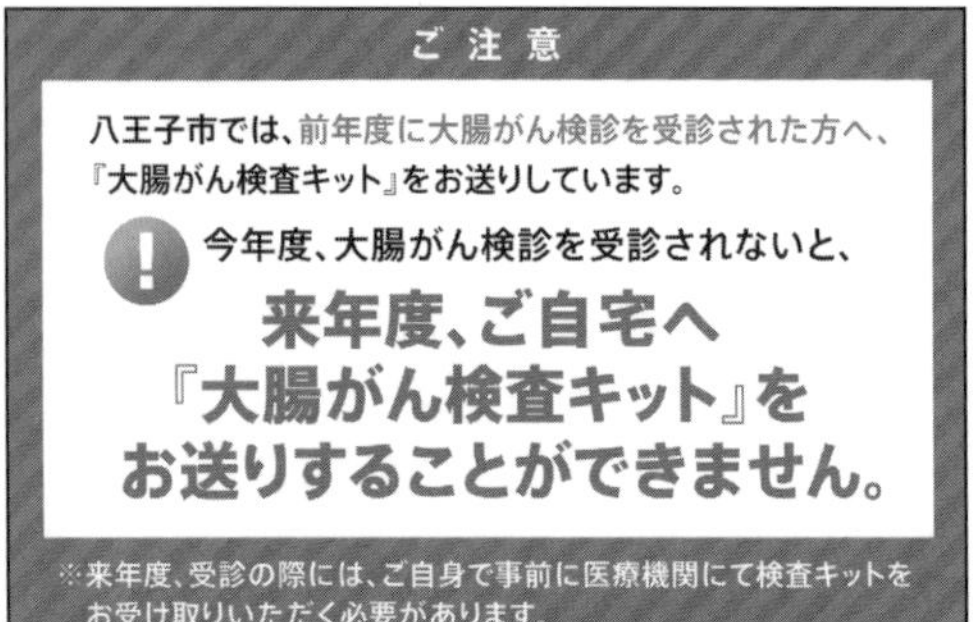
ご注意
八王子市では、前年度に大腸がん検診を受診された方へ、
『大腸がん検査キット』をお送りしています。
今年度、大腸がん検診を受診されないと、
来年度、ご自宅へ
『大腸がん検査キット』を
お送りすることができません。
※来年度、受診の際には、ご自身で事前に医療機関にて検査キットを
お受け取りいただく必要があります。

提供：株式会社キャンサースキャン

ば，来年度は検査キットが送付されません」と損失を前面に出したメッセージを送りました。その結果，グループ⑵の受診率が約7ポイント高くなりました。[20]

さらに「○○さん（相手の名前）のためにワクチンの枠を確保しました。受けないと権利が失われます」という表現にしたところ、ワクチン接種率向上に繋がった事例がありま す。[21] これをがん検診でも応用し、「あなたのために枠を確保しました。○月○日までに申し込み手続きをしないと、この権利は消滅します」という表現にすると、受診率向上に繋がりそうです。誰しもせっかくの権利を失うのは嫌なものですので、それを可視化することで、象が反応しやすくなります。また、このような表現が難しい場合には、白衣を着た医師が「当健診センターのがん検診では去年推計○人の早期がん患者の命を救いました」（○○病院院長　×××）と写真付きでコメントを紹介することで、権威バイアス（専門家の言葉を信じる習性）に訴求できます。専門家のコメントに反論するために論文を調べるのは、面倒くさいことなのです。私のように、普段は面倒くさがり屋なのに論文を調べるのが好きな人も確かにいますが、それはかなりの例外です。

コラム●　ＳＮＳでは「ハーバード大学の最新の研究によると〜」「スタンフォード大学の報告では〜」という投稿が多く見られます。中にはこれまでの知見を覆すようなものもあり、私の知的欲求を刺激します。このため、私は投稿者に「引用論文情報を教えていただけませんか?」と質問をしますが、答えが返ってきたためしがほとんどなく、それどころか投稿が消去されてしまうこともよくあります。引用文献が書かれていない情報は、疑いの目を持って見られやすいです。このため、引用文献情報はできる限り書くことをお勧めします。

【手順8】ナッジを整理する

EASTナッジは「必ず全部盛り込んでください」という性格のものではなく、「これに反したものは入れないほうがよい」というイメージのチェックリストです。むしろ「全てのEAST要素を1枚のチラシに盛り込むと、ボリュームが増えて簡素化ナッジ要素が損なわれる」というジレンマが発生します。このため、チラシが一通り完成した段階で「簡素化ナッジが確保されているか」を必ず確認するようにしてください。このチェックを行った上で、次の「ターゲット層に聞く」に移ります。

ナッジが整理されていない状態でターゲット層に聞いても、「ゴチャゴチャしていますね。整理したほうがよいです」という感想が返ってくるのが関の山です。

文字やイラストを中心に整理したところ、図8-2のようになりました。

図８－２　整理したチラシ

受診日時を今決めてください

がん検診が便利になりました

今年から定期健診とがん検診をセットで受けられるようになりました。
10年連続で受診する人が増えています。あなたの枠を確保してお待ちしています。

＜保健センターで受ける場合＞

日程

肺がん・胃がん・大腸がん
（令和5年5月～令和6年1月第2・4月曜日）
子宮頸がん・乳がん
（令和5年5月～令和6年1月第2月曜日）

場所

○○市保健センター2階

申込方法

4コマ漫画で「定期健診と同時に申し込めます」と「手続きは1分で完了します」と「スマホのQRコード申込」を示す。

※それ以外の申し込み方法
①PCの場合　「○○市保健センター　がん検診　申込」で検索すると申込フォームが出てきます。
②メールの場合　XXXX@XXXXあてに件名を「がん検診申込」としたメールを送ってください。折り返し、フォームを送ります。
③電話の場合　○○市保健センター（000-000-0000）で「がん検診の申込」とお伝えください。

＜医療機関で受ける場合＞

場所と日程

A医院（肺がん、胃がん、大腸がん）
TEL 000-111-1111
Bクリニック（乳がん、子宮頸がん）
TEL 000-222-2222
C胃腸科内科（肺がん、胃がん、大腸がん）
TEL 000-333-3333
D病院（全部のがん）
TEL 000-444-4444

申込方法

各医療機関へ電話でお申し込みください。

保健センターと各医療機関の地図

料金（集団検診、個別健診共通）

検診項目が3つまで	無料
検診項目が4つ	500円
検診項目が5つ	1,000円

↑本来は3万円ですが、補助制度で特別にこの料金になりました。

○○病院院長
N波M羅

検診時間の目安は、肺がん○分、、胃がん○分、大腸がん○分、子宮頸がん○分、乳がん○分です。
年に1度、少し時間を使ってみませんか？

保健センター保健師・K田U大

私が企画しました。
まずは受診できる日時を書いてみてください。
月　日　時

【手順9】ターゲット層に聞く

以上のナッジは「多くの人にとって申し込みに繋がるだろう」という仮説に基づいて設計しました。ただし、あくまでもターゲット層のA子さんになりきってイメージしたものです。A子さんは私が作ったバーチャルな存在で、実在しません。手順9では「いかに申し込み率の高い仮説を立てた上で本番にのぞむことはできるか?」を考えていきます。そのためには、実際のターゲット層に「これを見て、あなたはがん検診を申し込みたくなりましたか? あまり申し込みたくないとしたら、何が嫌ですか?」と事前に聞いておくことで、本番での申し込み率が高まります。

第1章でも紹介したように、私はがん検診のチラシを作る際には、21人以上に事前調査をしています。入念な事前調査を行わないと、本番で相手の象がどんな反応をするかわからず、こわくて仕方がありません。チラシを作ってから、いきなり想定外の反応に直面するよりは、事前にその反応を把握しておいたほうがよいです。事前調査は象の反応を見るためのものなので、実際のターゲット層に合った人たちを広く選びます。イエスマンばかりを選んでは、事前調査の意味がなくなります。

そして「これは私が苦労して作ったチラシです。遠慮なく私に意見をお願いします」と言われると、相手は遠慮して率直な意見を言えません。紙媒体だと、相手が「筆跡から本人が特定されるのではないか?」と心配する可能性があるため、私は匿名によるウェブ調査にて意見を把握するようにしています。実際に、できあがった封筒とチラシをターゲット層に対してウェブ調査を行ったところ、表3のような否定的意見が寄せられました。

これらのうち、複数のスタッフで協議し、目標（矢印）に一致した意見を選びます。ノイズになる可能性がある意見まで採用してしまうと、矢印がわかりづらくなってしまうので、慎重に検討します。

ここで注意すべきは、自分が作ったチラシに対しては特別の愛着がわくため、「せっかく苦労して良いチラシを作ったのに、しっかり読まないのは相手の責任」という考えに陥りやすく、否定的意見に対して耳をふさぎたくなることです。

私の共同研究者が別件で事前調査を行った際に「ごちゃごちゃして何を言っているのか伝わりづらい」という意見が出ました。これに対して、共同研究者は「遊び心として、あえてノイズを入れた」と言って、この意見を却下しようとしました。

でも、考えてほしいのです。作った側は遊び心や戦略的に入れたノイズでも、相手に受け入れなければ意味がありません。そして受け入れない責任を相手に負わせては、ミッショ

表3　否定的意見一覧

※（　）内は対応方法です。

【封筒】

- シマシマの縁《ふち》取りがやかましい
  （→縁取りを削除する代わりに、封筒を目立つ色に変更）
- このようなデザインのDMを受け取ったことがあり、開けてみたら悪質商法だった（→削除）
- 4コマ漫画を封筒に入れたら開けたくなると思う
  （→レイアウト上、4コマ漫画を入れるのは困難なので、院長の写真を掲載）

【チラシ】

- タイトルを目立たせ、本文との間に隙間を入れたほうがよい（→タイトルを白抜きのメイリオに）
- 発出元がどこなのかがすぐにわからない
  （→タイトルの最初に自治体名を入れる）
- 〈健康センターで受ける場合〉の場所に「健康センター2F」はなくてもよい（→削除）
- がん検診の内容やがんの発症リスク情報に関する啓発も書いてほしい（→別途）
- 「私が企画しました」は特になくてもよい（→削除）
- 問合せ先が一目でわかるようにしてほしい（→掲載）

ン達成が遠ざかってしまいます。主役はあくまでも相手の象であり、私たちは気まぐれな象をどう動かすかを考えていかなければいけないのです。

手順1～10は多くの場面で使えるため、啓発チラシを作成する際にも応用できます。啓発チラシは無関心期と関心期の人たちを主なターゲットとするため、がん検診の流れを漫画で紹介したり、クイズを入れたりといった、心を開くためのナッジを中心にするとよさそうです。

トピック● 私は今、ナッジの知見を入れたがん検診啓発のチラシを制作中ですが、まだこのチラシを公表できる段階にありません。

代わりに、私が監修した生活習慣病重症化予防の指導用チラシ（図16）を紹介します（制作中のがん検診の啓発チラシもこれに似たイメージです）。

まずは表面《おもてめん》の漫画で心を開いて、「あなたにこのナッジを仕掛けますよ」と手の内を明かし、読者の心を開きながら知識を伝達し、最後は行動目標を書き込む（コミットメント）するという流れにしています。

運動不足はそんなに体に悪いの？

座りっぱなしでテレビを見ていると１時間ごとに22分間寿命が縮んでいくという研究が示す通り、運動不足は命にかかわることもあります[※]。

日常生活で小まめに体を動かすだけでも健康効果があります。通勤やごみ捨てで体を動かしたときに、プラス10分動くことがオススメです。

※Veerman J et al. Television viewing time and reduced life expectancy: a life table analysis. 2012.

ナッジ博士に聞く こんな時どうする？

Q 田舎は車社会だから、歩く機会がないんだよね・・・

A 私も田舎暮らしなのでよく分かります。まとめて歩くときがないですよね。

そこで私は、普段の「ちょっと歩くとき」に歩数を増やしています。例えば「ごみ捨ての帰りは遠回りをする」「買い物のときはまずフロアを1周してから買う」などです。新しく行動を始めるのは大変ですが、既にやっている習慣と組み合わせるのであれば、できそうな気がしませんか？

なんか、やれそうな気がしてきたぞ・・・
メラァ
最後にとっておきのナッジを
その気持ちを具体的に書き出すと、実現できる可能性が高まります
私は 2kg の減量のために、
今日から
朝・昼・夜に
スクワットを 20 回ずつ
やります！
そのための工夫
やる気0でも
1回は必ずやる！
せっかくなので、今書いてみませんか？

［宣言コーナー］あなたも書いてみませんか？

私は ［目的］ **のために**

今日から ［タイミング］ **に**

［やること］

そのための工夫

著者：行動経済学研究者 竹林正樹／株式会社キャンサースキャン 保健師 越林いづみ／オフィス クレセール 管理栄養士 松岡幸代

111001-2022-01-753

図16　生活習慣病重症化予防の指導用チラシ（左：表、右：裏）

提供：一般社団法人日本家族計画協会

改めて、当初の封筒やチラシと比べてみてください。今回の手順で作った封筒とチラシを見ると、きっと「今すぐ申し込んでもいいかな」という気持ちになったのではないでしょうか？

図1－1　当初のチラシ（再掲）

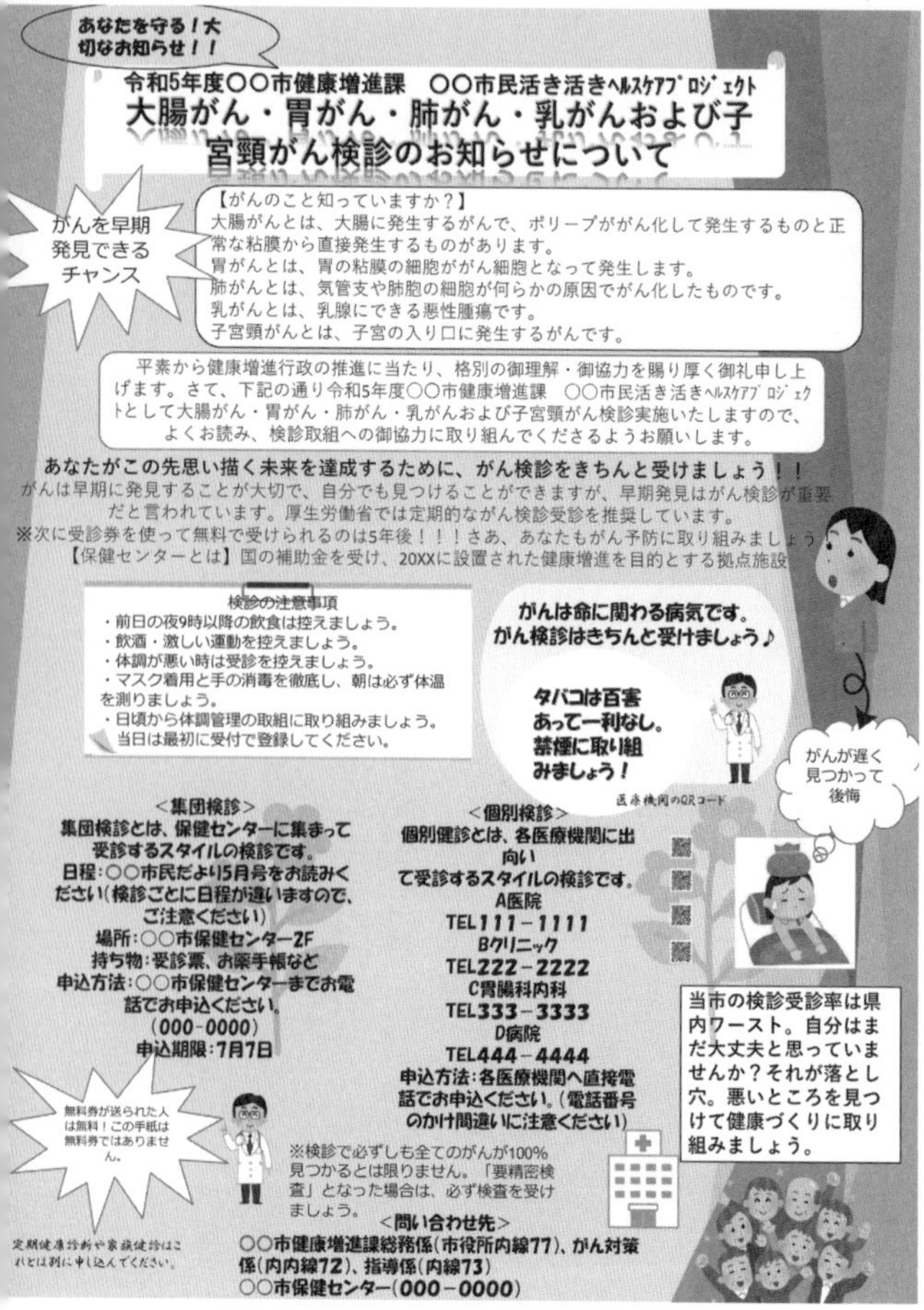

あなたを守る！大切なお知らせ！！

令和5年度〇〇市健康増進課　〇〇市民活き活きﾍﾙｽｹｱﾌﾟﾛｼﾞｪｸﾄ
大腸がん・胃がん・肺がん・乳がんおよび子宮頸がん検診のお知らせについて
がんを早期発見できるチャンス
【がんのこと知っていますか？】

大腸がんとは、大腸に発生するがんで、ポリープががん化して発生するものと正常な粘膜から直接発生するものがあります。

胃がんとは、胃の粘膜の細胞ががん細胞となって発生します。

肺がんとは、気管支や肺胞の細胞が何らかの原因でがん化したものです。

乳がんとは、乳腺にできる悪性腫瘍です。

子宮頸がんとは、子宮の入り口に発生するがんです。

平素から健康増進行政の推進に当たり、格別の御理解・御協力を賜り厚く御礼申し上げます。さて、下記の通り令和5年度〇〇市健康増進課　〇〇市民活き活きﾍﾙｽｹｱﾌﾟﾛｼﾞｪｸﾄとして大腸がん・胃がん・肺がん・乳がんおよび子宮頸がん検診実施いたしますので、よくお読み、検診取組への御協力に取り組んでくださるようお願いします。

あなたがこの先思い描く未来を達成するために、がん検診をきちんと受けましょう！！

がんは早期に発見することが大切で、自分でも見つけることができますが、早期発見はがん検診が重要だと言われています。厚生労働省では定期的ながん検診受診を推奨しています。
※次に受診券を使って無料で受けられるのは5年後！！！さあ、あなたもがん予防に取り組みましょう
【保健センターとは】国の補助金を受け、20XXに設置された健康増進を目的とする拠点施設
検診の注意事項
・前日の夜9時以降の飲食は控えましょう。
・飲酒・激しい運動を控えましょう。
・体調が悪い時は受診を控えましょう。
・マスク着用と手の消毒を徹底し、朝は必ず体温を測りましょう。
・日頃から体調管理の取組に取り組みましょう。
当日は最初に受付で登録してください。
がんは命に関わる病気です。がん検診はきちんと受けましょう♪
タバコは百害あって一利なし。禁煙に取り組みましょう！
がんが遅く見つかって後悔
医療機関のQRコード
<集団検診>
集団検診とは、保健センターに集まって受診するスタイルの検診です。
日程：〇〇市民だより5月号をお読みください（検診ごとに日程が違いますので、ご注意ください）
場所：〇〇市保健センター2F
持ち物：受診票、お薬手帳など
申込方法：〇〇市保健センターまでお電話でお申込ください。
（000-0000）
申込期限：7月7日
<個別検診>
個別健診とは、各医療機関に出向いて受診するスタイルの検診です。
A医院
TEL111－1111
Bクリニック
TEL222－2222
C胃腸科内科
TEL333－3333
D病院
TEL444－4444
申込方法：各医療機関へ直接電話でお申込ください。（電話番号のかけ間違いに注意ください）
当市の検診受診率は県内ワースト。自分はまだ大丈夫と思っていませんか？それが落とし穴。悪いところを見つけて健康づくりに取り組みましょう。
無料券が送られた人は無料！この手紙は無料券ではありません。
※検診で必ずしも全てのがんが100%見つかるとは限りません。「要精密検査」となった場合は、必ず検査を受けましょう。
<問い合わせ先>
〇〇市健康増進課総務係（市役所内線77）、がん対策係（内内線72）、指導係（内線73）
〇〇市保健センター（000－0000）
定期健康診断や家族健診はこれとは別に申し込んでください。

図８−３　ナッジを効かせたチラシ

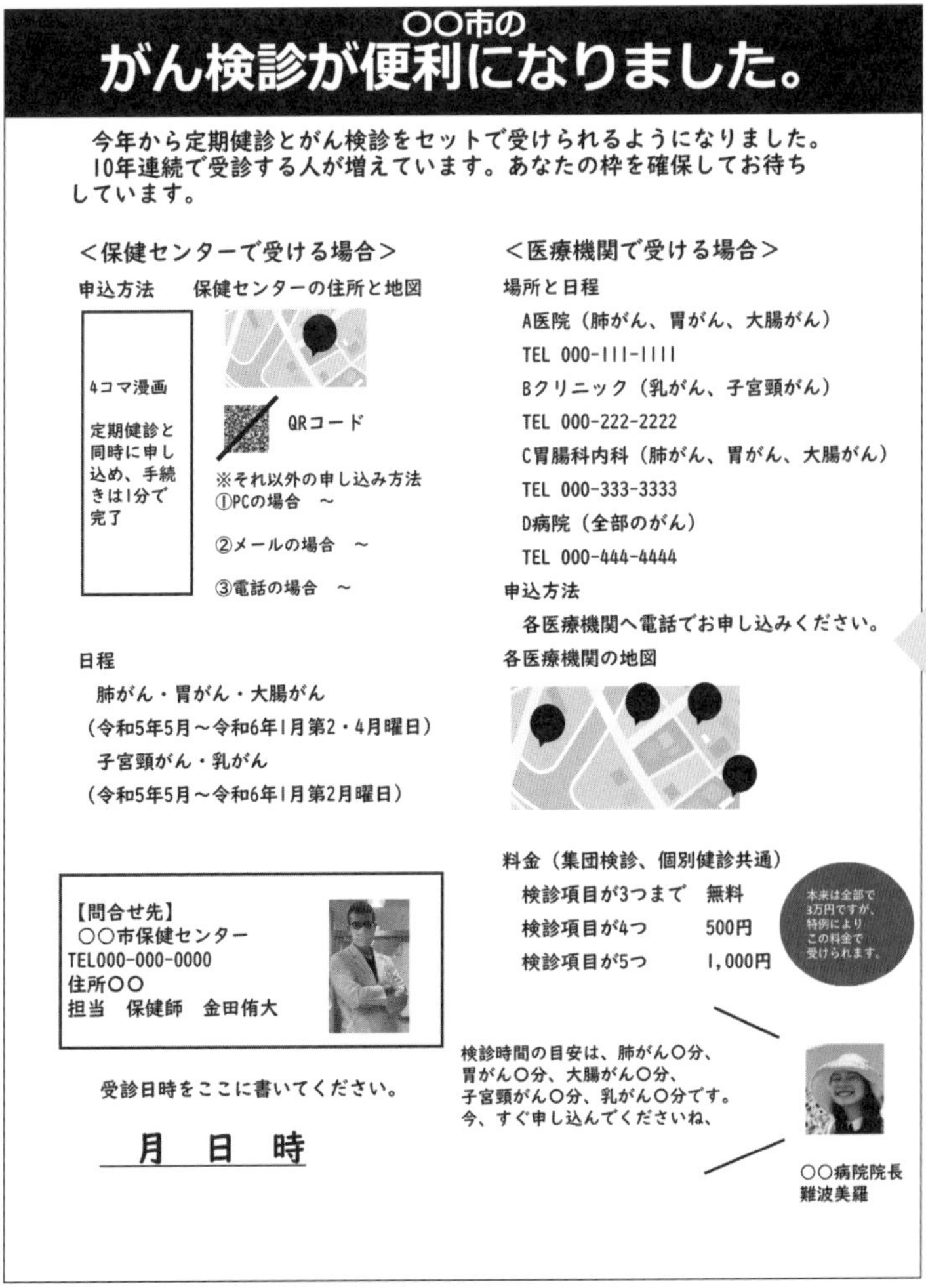
〇〇市の
がん検診が便利になりました。
今年から定期健診とがん検診をセットで受けられるようになりました。
10年連続で受診する人が増えています。あなたの枠を確保してお待ちしています。
<保健センターで受ける場合>
申込方法
保健センターの住所と地図
4コマ漫画
定期健診と同時に申し込め、手続きは1分で完了
QRコード
※それ以外の申し込み方法
①PCの場合　～
②メールの場合　～
③電話の場合　～
日程
肺がん・胃がん・大腸がん
（令和5年5月～令和6年1月第2・4月曜日）
子宮頸がん・乳がん
（令和5年5月～令和6年1月第2月曜日）
<医療機関で受ける場合>
場所と日程
A医院（肺がん、胃がん、大腸がん）
TEL 000-111-1111
Bクリニック（乳がん、子宮頸がん）
TEL 000-222-2222
C胃腸科内科（肺がん、胃がん、大腸がん）
TEL 000-333-3333
D病院（全部のがん）
TEL 000-444-4444
申込方法
各医療機関へ電話でお申し込みください。
各医療機関の地図
料金（集団検診、個別健診共通）
検診項目が3つまで　無料
検診項目が4つ　500円
検診項目が5つ　1,000円
本来は全部で3万円ですが、特例によりこの料金で受けられます。
【問合せ先】
〇〇市保健センター
TEL000-000-0000
住所〇〇
担当　保健師　金田侑大
受診日時をここに書いてください。
月　日　時
検診時間の目安は、肺がん〇分、胃がん〇分、大腸がん〇分、子宮頸がん〇分、乳がん〇分です。
今、すぐ申し込んでくださいね、
〇〇病院院長
難波美羅

図 17－1　当初の封筒

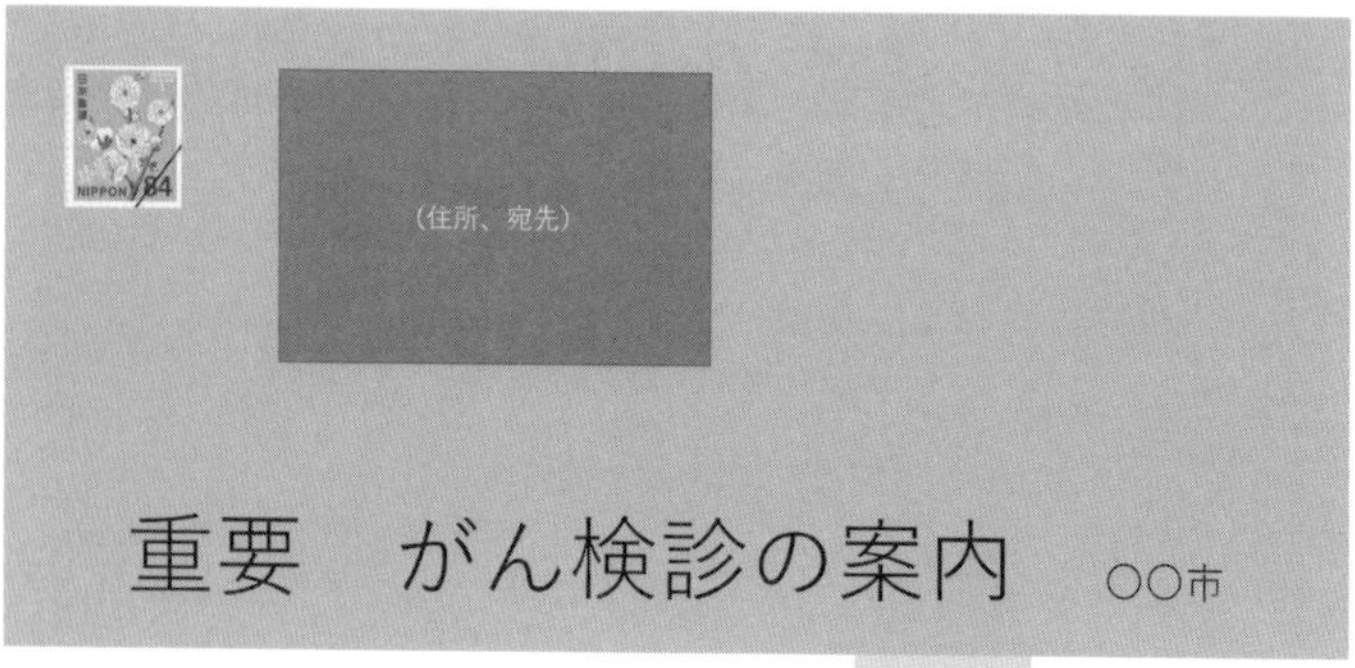

図 17－2　ナッジが設計された封筒

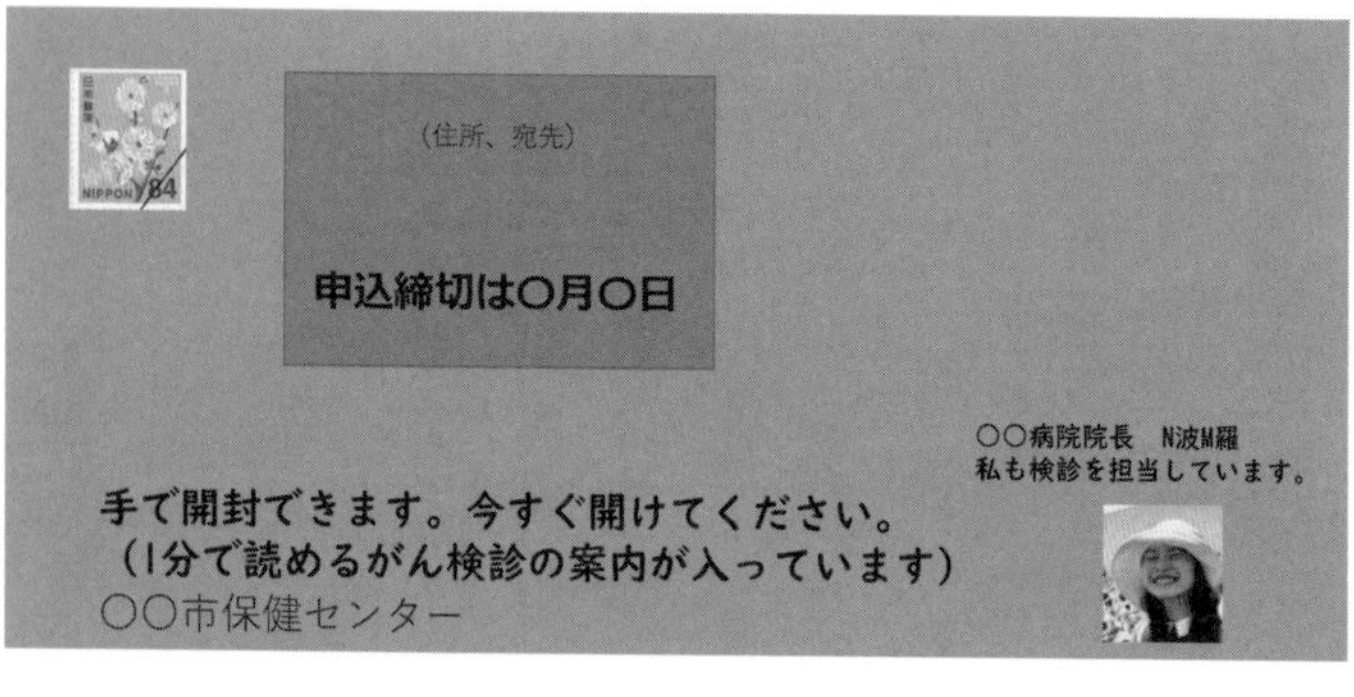

ここまでチラシができたら、課長であるあなたは自信を持って決裁できることでしょう。担当者に起案を戻す際には「印刷業者にオーダーする時には「視認性を最優先し、文字に影をつけない」といったリクエストを入れてください」と伝えるのがよいですね。印刷業者は、これまでの経験から「行政からの発注案件は、多少の装飾を加えるくらいがちょうどよい」と思っているかもしれません。ナッジのコンセプトを共有しておかないと、印刷業者とのやり取りで時間と労力が割かれてしまいます。

トピック● 私が関わった総合健診のチラシを紹介します。

全体的にシンプルで（簡素化ナッジ）、4コマ漫画はTVのCMとリンクし、受け取った人が「あー、あのCMのことね」とすぐにイメージできる内容になっています（タイムリー・印象的ナッジ）。

また、「残り1日のみ」と皆が受けていることを示唆する表現（社会的ナッジ）や「8000円相当が無料」とお得感を前面に出す工夫（印象的ナッジ）がしてあります。これを見て、年度末までずっと先送りしてきた人も「今申し込まないと」という気持ちになったのなら、象に矢印が伝わり、一歩踏み出したと言えます。

図18　総合健診のチラシ

＼[redacted]国保加入の皆様／
今年度最後の総合健診のご案内
健診で健康を、
見つけに行こう。
行ってこーわい!
愛媛の健診
ばぁーちゃん健診もう行ったん？
ずっと行こうとは思てたけど、まだなんよ
まだ行ってないんっ？友達のばあちゃん、もう健診受けたって言ってたよ
簡単に予約できるから今すぐ申し込まんと！
そうやねー今すぐ予約しようわい!!
残り1日のみ！お急ぎください！
健診日　2月6日（月）
健診場所　福祉センター
予約締切　1月16日（月）
◎健診日1週間前頃に健診資材が自宅に届きます。
約8,000円相当の特定健診が無料
〈対象年齢の方はがん検診も受診可能です。〉
WEBで申し込む
健診予約サイト▶
愛媛県　健診
24時間受付！簡単便利！
電話で申し込む
健診予約ダイヤル（平日 9:00〜17:00）
☎0120-[redacted]
電話が繋がりにくい場合は、時間帯を改めておかけ直しください。
健診実施期間
公益財団法人 愛媛県総合保健協会

提供：公益財団法人愛媛県総合保健協会

【手順10】 効果を検証する

無事に封筒とチラシが完成し、住民に向けて発送することができました。でも、現時点ではまだ「おそらく、大勢の人が申し込みをするだろう」という仮説の域を出ていません。本当に知りたいのは、「実際にはナッジに効果があったのか?」「その効果はどれくらいなのか?」です。予想通りの効果が見られたら、継続的に展開できますし、期待を下回っているのであれば、改善が必要になります。このため、効果検証が重要になります。

新しいナッジを実施しようとすると、他の人から「前例踏襲にしておいたほうがよいのでは?」という意見が出ることもよくあります。このような意見が出た時こそ、効果検証を行うことで、議論に決着をつけることができます。

トピック● ナッジを使って検診受診者が増えることが予想されるにもかかわらず、「クレームが出るかもしれない、という意見が出たために、導入が見送られた」という話も耳にします。その場合は、小規模な集団を対象に実施します。その結果、例えば「新規受診者が500人増えた一方で、クレームは1件のみだった」ということがわかれば、500人の生命の重さと1件のクレームの比較検討ができます。「論より証拠」を実践する意味においても、効果検証は重要です。

チラシのナッジに効果があったのかどうかを検証するには、「今まで通りのチラシを受け取ったグループ」と「ナッジを設計したチラシを受け取ったグループ」での受診率を調べるのが一般的です。ここで、「ナッジを効かせたチラシの受診率が高くなった」という結果が出たとしても、それだけで「ナッジに効果があった」と結論づけるのは早計です。受診率の差が偶然生じたもの（意味のない差）なのか、偶然とは言えない差（有意差）なのかの決着をつける（これを「統計学的検定」と言います）必要があります。統計学的検定について語ると長くなるのでここでは触れませんが、統計学的統計を使わないと客観的な判断ができず、声の大きい人の意見ばかりが通るといった事態になりやすいです。

これは、昔と変わらない「象同士の争い」の構図で、感情が先行し、どんどん大声になっていきます。私たちは象と象使いの関係を理解しました。これからは象同士の本能的な争いに終止符を打ち、象使い同士で冷静に効果の有無を論じたいものです。

トピック●　私が学会のチラシを作成した時の効果検証を紹介します。最初は文字だらけ

図19　文字だらけのチラシ

のチラシ（図19）を作成しました。これは手に取る気持ちが起きないので、情報を絞り込み、文字数を73％削減し、共感しやすいテーマの４コマ漫画を入れ、学会長の似顔絵が語りか

図20　ナッジ型のチラシ

The 29th Annual Conference of the Japanese Society of Health Education and Promotion
第29回
日本健康教育学会学術大会
青森県立保健大学生はシンポジウム（zoom）を無料で視聴できます。（大会全体参加の場合は4,000円）
正しい知識を情報提供
しかし、行動変容は難しい
わかっていても、それができない
健康教育学会がありますよ
別の切り口でのアプローチも学んでみよう
行動変容
シンポジウムの参加申込はメール添付のフォームにて。
◆日時
9月11日（土）14：40～16：20
◆シンポジウムテーマ
「わかっていてもなかなか実践しない相手をどう動かす？-身体活動促進へのナッジ-」

（順天堂大学　福田洋特任教授ほか）
※ナッジは「自発的に行動したくなるように後押しする設計」のことです。
★ 参加をお待ちしています。
学会長　吉池信男
学会長
大会HP➡
大会事務局：〒030-8505 青森市浜館間瀬58-1 青森県立保健大学栄養学科 吉池研究室内
事務局長：竹林 正樹　Tel/Fax : 017-765-4169 E-mail : 29nkkg@ms.auhw.ac.jp
大会URL : https://29nkkg.com

けるデザインに変更しました（図20）。ナッジ型のチラシの効果を明確にするため、「ランダム化比較試験」という手法（第1章参照）で参加意欲を検証しました。その結果、ナッジ型のチラシのほうが参加意欲のある人が1・6倍多くなり、この差は統計学的に有意なものでした。[22] 学会の参加意欲はチラシに設計されたナッジによって大きく左右されることが示唆されたことで、「同様のナッジは、がん検診のチラシにも応用できるのでは？」といった横展開もできそうです。

コラム● 統計は専門家に聞く

統計が苦手な人は、積極的に専門家の助けを借りてください。私は大学で統計学を教えていますが、統計に関して判断に迷った時には、すぐに別の大学の教員に聞きます。「どんなに調べたところで、わからないものはわからない」と、よい意味で開き直っています。ただし、助けを借りる場合は、最初から声をかけることを心がけてください。これは相手に失礼ということもありますが、そもそもデータの集め方に不備があると、適切な統計解析ができないからです。

では、第2章で紹介した手順をまとめます。

当初の封筒やチラシは、確かに担当者の思いが詰まっていましたが、アイディア一本槍という弱点がありました。せっかくのアイディアも、しかるべき手順を踏まないで進めてしまうと、相手にとってノイズになり得ます。アイディア勝負は自由に見えますが、実は現状維持バイアスに影響されていて、前例踏襲の足かせから脱却できていないことが多いのです。それでも前例が素晴らしくて、受診率がほぼ100%なのであれば問題はないのですが、日本では多くのがん検診の受診率は50%に満たない状況です。

この現状を打破してくれるのがエビデンスであり、ターゲット層の声であり、そして統計解析です。たとえ全部の手順ができなくても、まずは「いきなりナッジを設計しようとはしない」だけでも覚えていただけると嬉しいです。

表1−2　チラシ設計の手順

手順	内容	具体的内容
【手順1】	「自分は象の群れの中にいる」とイメージする	象のイラストを描写
【手順2】	チラシのミッションを決める	「がん検診に申し込むこと」に決定
【手順3】	ターゲットを決める	A子さん(50代女性)に決定
【手順4】	目標を決める	矢印は「今すぐ申し込み日時を決めること」
【手順5】	最初と最後のメッセージを決める	最初:「がん検診が便利になりました」 最後:「今、カレンダーに記入してください」
【手順6】	ボトルネックを見つける。	20か所のボトルネックを特定
【手順7】	ボトルネックの克服方法を検討する。	簡素化ナッジで阻害要因を除去し、印象的·社会的·タイムリーナッジで促進要因を付与
【手順8】	ナッジを再度整理する。	簡素化ナッジの再確認
【手順9】	ターゲット層に聞く	21人以上に聞いて、協議の上で矢印に合致した意見を反映
【手順10】	効果を検証する	ナッジの有無別のチラシを配布したグループ間の受診率の差を、統計を用いて検定

第3章　ナッジで問題解決

ナッジの研究が進み多くの分野で用いられるにつれ、ナッジで多くの人の悩みを解決できるようになりました。私に寄せられるナッジの相談は、今までは環境分野や健康分野に関するものが中心でしたが、最近は家庭生活からビジネスまで多様な範囲へと広がってきました。

この章では、整理整頓やミス予防、残業削減、ダイエット、消毒液の利用、省エネといった身近な問題にナッジを取り入れた例を上げます。研究として効果が立証されたものだけでなく、私が個人的に行った事例も織り交ぜながら、ナッジを用いた解決策を提案していきます。

1　身の回りをきれいにするためのナッジ

整理整頓は、「大切なのはわかっていてもなかなか実践できない行動」の代表格です。散らかった状態が続くと、「多少ごちゃごちゃしたくらいがちょうどいい」「手が空いた時にまとめて掃除するので、今はやらなくてもいいか」といった習性が働き、掃除するのがどんどん面倒になります。そうなる前にナッジを使った散らからない方法を提案します。

1）靴をそろえるには：線を引く

私は小さい頃から玄関では靴を脱ぎっぱなしにしていて、よく親に注意されていました。でも、ナッジを使ったところ、靴を脱ぎ散らかす悪い癖が改善できました。

ナッジ●　靴の幅に合わせてテープで線を引いた（図1）結果、靴をそろえるようになりました。

疲れて帰ってきた時でも、わかりやすい線があることで、私の象は線に合わせて靴を整列させたくなりました（規範ナッジ）。

さらに私が靴をそろえていると、他の人もそろえるようになり（同調ナッジ）、家族内で靴の整頓に関する不満がなくなりました。

2）ポイ捨て防止には：投票箱にする

タバコのポイ捨てが悪いことなのは、多くの人が知っています。それにもかかわらず、灰皿が置いてある喫煙所でもポイ捨てが相次いでいます。「喫煙マナーを守りましょう」「ポイ捨てをやめましょう」という掲示があるにもかかわらずです。

これに対し、喫煙者の持つ、ギャンブ

図1　玄関のテープ

ルやゲームを好む習性[1]に沿って設計されたナッジを紹介します。

ナッジ●　喫煙所に2択の投票箱型式の灰皿を設置し、「人生に大事なのは金か？（右の灰皿に吸い殻を入れる）」「愛か？（左の灰皿に入れる）」といった、吸い殻で投票する仕組みを導入したところ、ポイ捨てが約9割減少しました。

「吸い殻を灰皿まで持って行って捨てる」という行動に「人気投票」という意味を持たせました（ゲーム化ナッジ）。さらに、「皆が楽しそうに吸い殻投票をしている」という状態を見ているうちに、「それなら自分も」という行動に繋がったようです（同調ナッジ）。

コラム●　食事中にスマホを見ないには？

我が家の食卓でも投票システムを活用しています。食事中にスマホが目の前にあると、どうしてもスマホが気になってしまいます。そこで、私は冷蔵庫の前に「明日のデザートはメロン？　スイカ？」と書いたラックを設置（図2）し、食事前にスマホをひっくり返して入れて投票するようにしました。スマホを入れないとどちらも食べることができません。私の象はフルーツに目がないため、私は食卓にスマホを持ち込まなくなり、さらにひっくり返して入れたことで、スマホが気にならなくなりました。

図2　スマホ投票

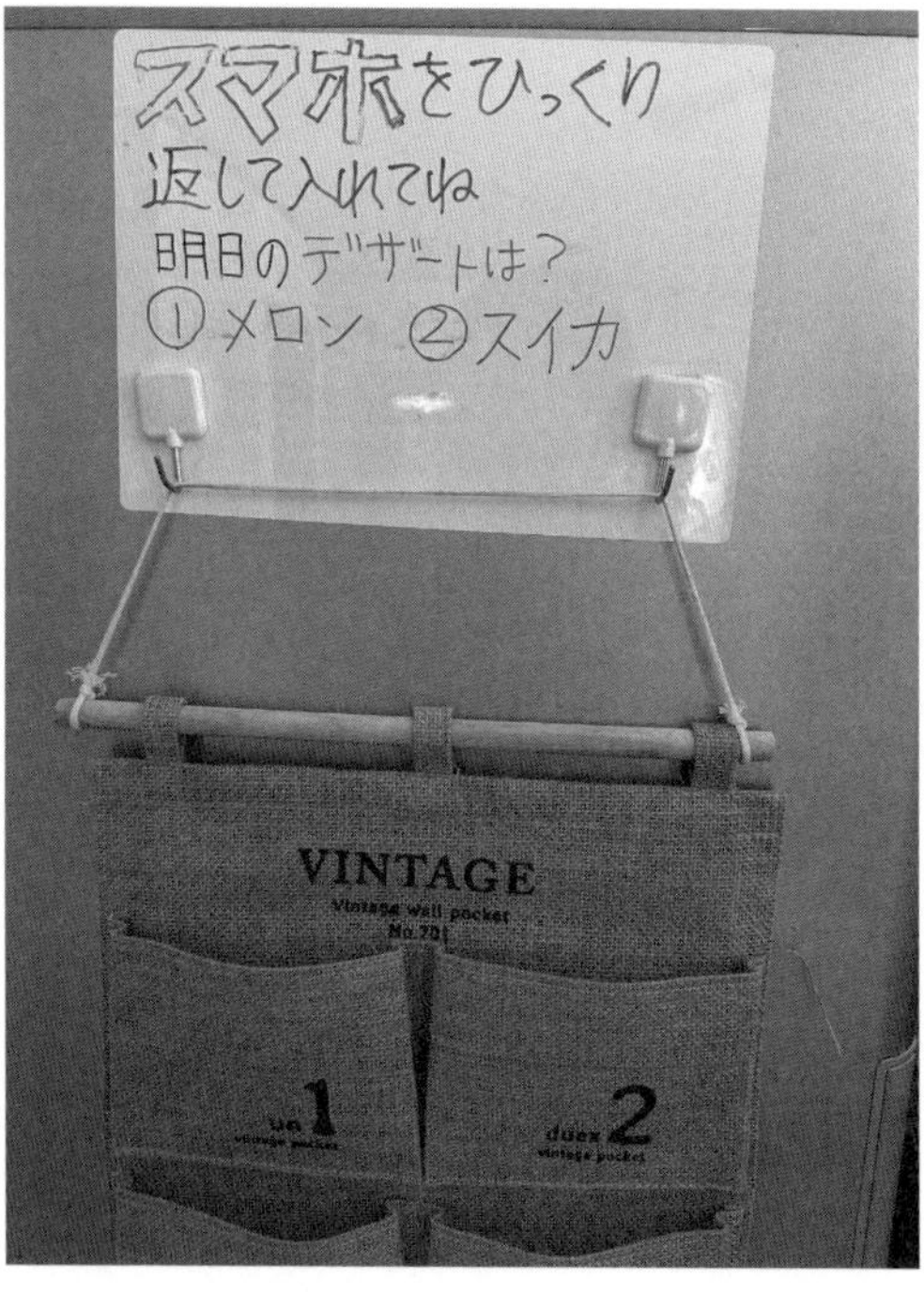

3）相手が片づけない時には：ありがとうシール

病院の手術室では、医師が使用済みの針を置きっぱなしにしたため、器材を片づける看護師に針が刺さる事故が起きることがあります。メインの仕事が完了して安心すると、その続きの用事を忘れてしまう習性（完了バイアス）が生じ、医師は後片づけを忘れてしまったようです。これに対して、ナッジを用いた張り紙によって使用済み針の適正処理が進んだ事例を紹介します。

ナッジ● 慶應義塾大学病院（東京都新宿区）では、使用済み針を適切に処理してくれた医師に対して看護師が「ありがとうシール」を壁に掲示しました（図3）。

ありがとうシール制度を開始した後、使用済み針の処理状況が劇的に改善しました。一度「ありがとう」と言われた

図3　ありがとうシール

10					
9				●	
8				●	
7				●	
6			●	●	
5	●		●	●	
4	●		●	●	●
3	●		●	●	●
2	●	●	●	●	●
1	●	●	●	●	●
	E医師	D医師	C医師	B医師	A医師

からには、「次もきちんと後片づけしてお返ししたい」という気持ちが起きやすくなります（返報性ナッジ）。また、ありがとうシールをもらえなかった医師は、「次回こそは」という気持ちが起きたと推測されます。看護師も医師に対して後片づけについての苦言を呈するのは嫌なものです。これは職場の雰囲気を悪化させずに後片づけに成功させた好事例です。

4）トイレの汚れ防止には：他人の視線

飲食店ではどんなに店内の清掃が行き届いていても、直前に使った誰かがトイレを汚してしまえば、次に使った人は「不潔な店だ」という印象を持ってしまいます。これに対し、男性用小便器に「マト」のシールを貼ったり（ゲーム化ナッジ）、「一歩前進」と明確な行動指示を書いたり（簡素化ナッジ）、「きれいに使ってくれてありがとう」と書いたり（返報性ナッジ）といった手法が使われてきました。中でも、青森県七戸町にある「まきば寿司」のトイレの張り紙は秀逸です。

ナッジ● 壁に「外国のお客様にトイレをきれいと褒められました。皆様のお陰です。ありがとうございました。」と張り紙をした（図4）ところ、トイレを汚す人が減りました。

地元の寿司屋のトイレを皆がきれいに使った結果、外国の人に褒められた――これは地元住民としてのアイデンティティがくすぐられ、誇りに思う瞬間です。「このトイレはきれいに使われていることで注目されている。

もしも自分がトイレを汚して、次のお客様をがっかりさせてしまったら……」と考えるということはしたくないものです。このような美しい心に訴求した設計（利他性ナッジ）です。

図4　トイレの張り紙

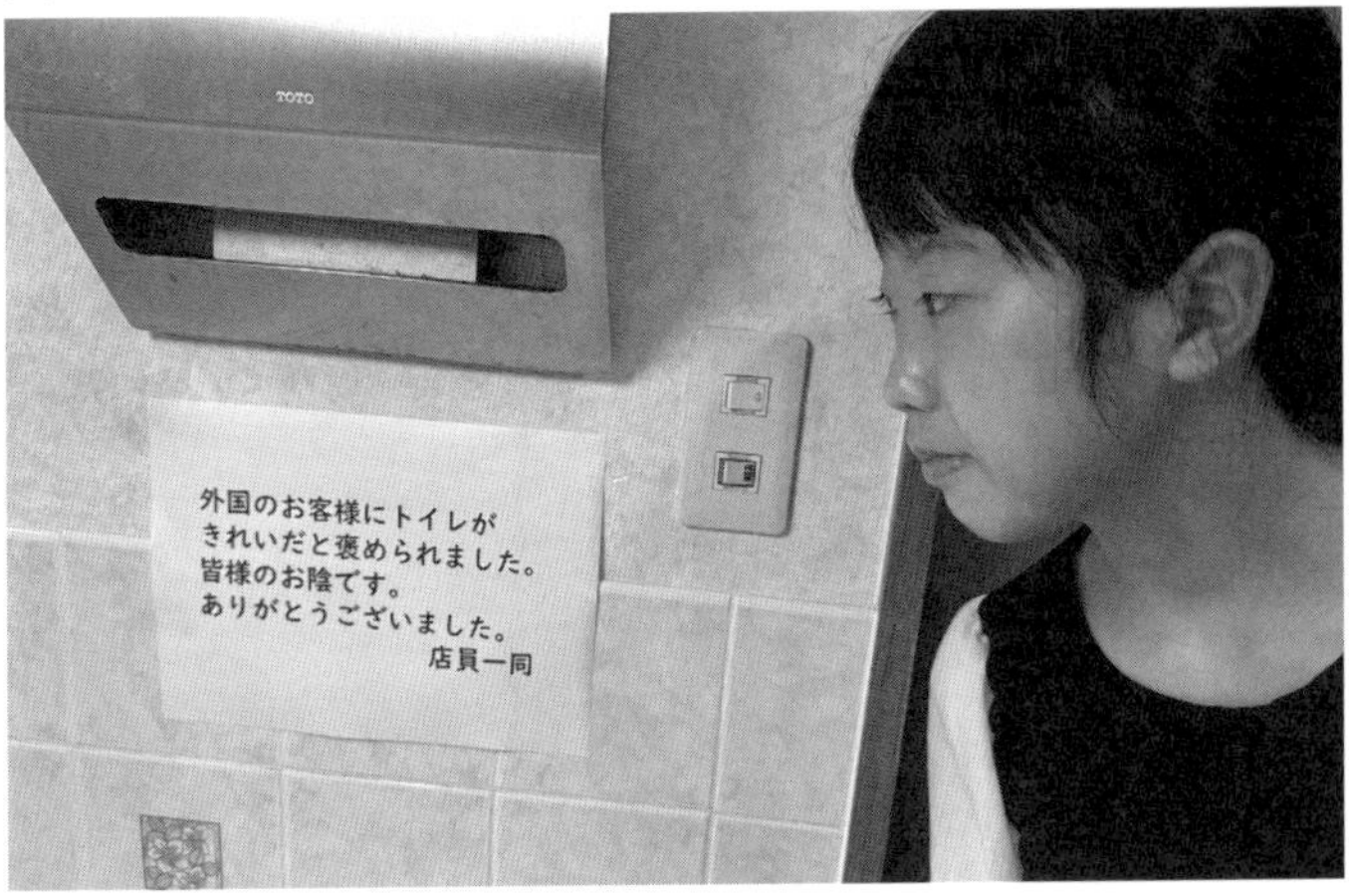
TOTO
外国のお客様にトイレが
きれいだと褒められました。
皆様のお陰です。
ありがとうございました。
店員一同

提供：まきば寿司

大小兼用の洋式トイレでは、男性は、つい立ったまま小用をしたくなることがあります。しかし、それでは掃除をする時に大変になります。座って用を足すようにするため、我が家ではナッジを用いました。

ナッジ●　便器の後方の壁に目のイラスト（図5）を掲示したところ、座って用を足すようになりました。

このイラストと目が合ったまま用を足すのは不快なもので、どんなに寝ぼけている時でも私は必ず座るようになりました。

図5　トイレの壁のイラスト

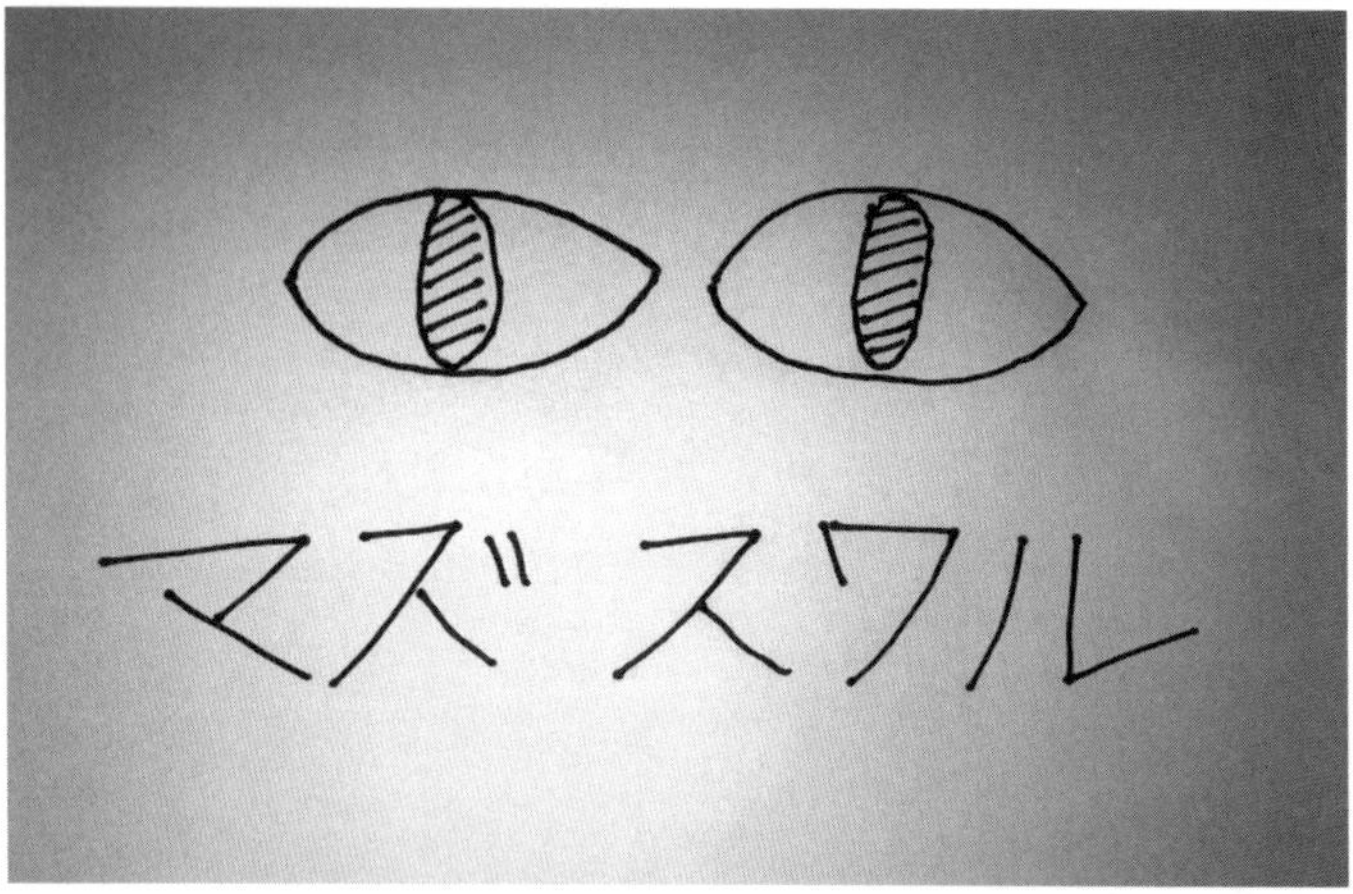

2 ミスを減らすためのナッジ

象は複数のタスクを同時に処理するのがあまり得意ではありません。その例として、次の実験をご覧ください。

実験● 実験参加者に「黒いシャツと白いシャツのチームでバスケットボールをパスし合う動画を見て、白シャツチームのパスの回数を数えてください」と指示しました。動画の途中でゴリラの着ぐるみが出てきて、胸をたたいてゆっくりと立ち去りました。ゴリラが画面に約10秒間も登場したにもかかわらず、実験参加者の約半数はゴリラが出てきたことに気が付きませんでした（この動画はＹｏｕＴｕｂｅで「ゴリラ　バスケ」で検索すると出てきます）。

多くの人は１つの指示に集中しただけで、ゴリラの存在を見逃してしまいました。「ゴリラ」を「重大ミス」と置き換えて考えると、多くの人が大きなミスをうっかり見逃したことになります。もし、この指示がもっと複雑だったなら、全員が見逃していたかもしれません。

象の習性を踏まえ、ミス予防のナッジを考えていきます。

1）うっかりミスの防止には：シンプルにする

複雑なものほどミスを起こしやすいことから、まずは複雑さや面倒くささを取り除くことを検討します（簡素化ナッジ）。

「手続きが複雑」と言えば、ビジネスマナーです。確かにマナーが必要な場面もありますが、マナーは時にミスを生む一因になります。私は先日、マナー違反の事件を起こしました。A社からお歳暮をいただいたのでA社の重役にお礼を書いた際に、うっかり「さすがB社（A社のライバル社）の製品は素晴らしいですね！」と企業名を間違えて送ってしまいました。私は当時B社と別件でやり取りをしており、B社と書くのに手が慣れてしまっていたのかもしれません。なお、A社にはすぐに謝罪し、事なきを得ました。この件を機に、自分自身に簡素化ナッジを導入しました。

ナッジ●　メールには相手企業名を極力記載せず、代わりに「貴社」と書くようにした結

果、社名の記載ミスは起きなくなりました。

今回のミスの原因は「書き慣れていない社名を書こうとしたこと」です。だから社名を書かなければ間違いは起きません。確かに「社名を書かないのはマナー違反」という意見もありそうですが、私の場合は「社名を書かない失礼によるデメリット」よりも「時間の短縮とミスの防止によるメリット」のほうが格段に大きいと考えられます。

必要性の低いマナーなのに、それをずっと守ろうとしているとしたら、その背景には現状維持バイアスがあるかもしれません。マナーに起因するミスが起きた時にこそ、その必要性を見直すチャンスです。

コラム● 返信用封筒の宛先

私は返信用封筒の宛先には「竹林正樹様」と自分で敬称を書いて出しています。これもマナー違反かもしれませんが、受け取った相手が返送する際に敬称をつけ忘れて、気まずい思いをするほうがデメリットが大きいと考え、このようにしています。

重大なミスが起きた後、「今回は担当者の認識不足と気のゆるみが原因だった。今後は〇〇を行った上で、ダブルチェックを徹底する」というコメントが発出されるシーンがよく見られます。しかし、このように手続きを増やしていくと、象の習性上ミスが生まれやすくなると懸念されます（図6―1）。

それでも、周りが完璧なチェックができるのなら、深刻な問題は防げることでしょう。しかし、チェックする人の数が多いと、「他の人がきちんと見るだろう」と他力本願になり、手を抜いてしまう現象（リンゲルマン効果）が起きやすくなります。それよりは、ミスの起こりやす

図6－1　手続きが増える場合

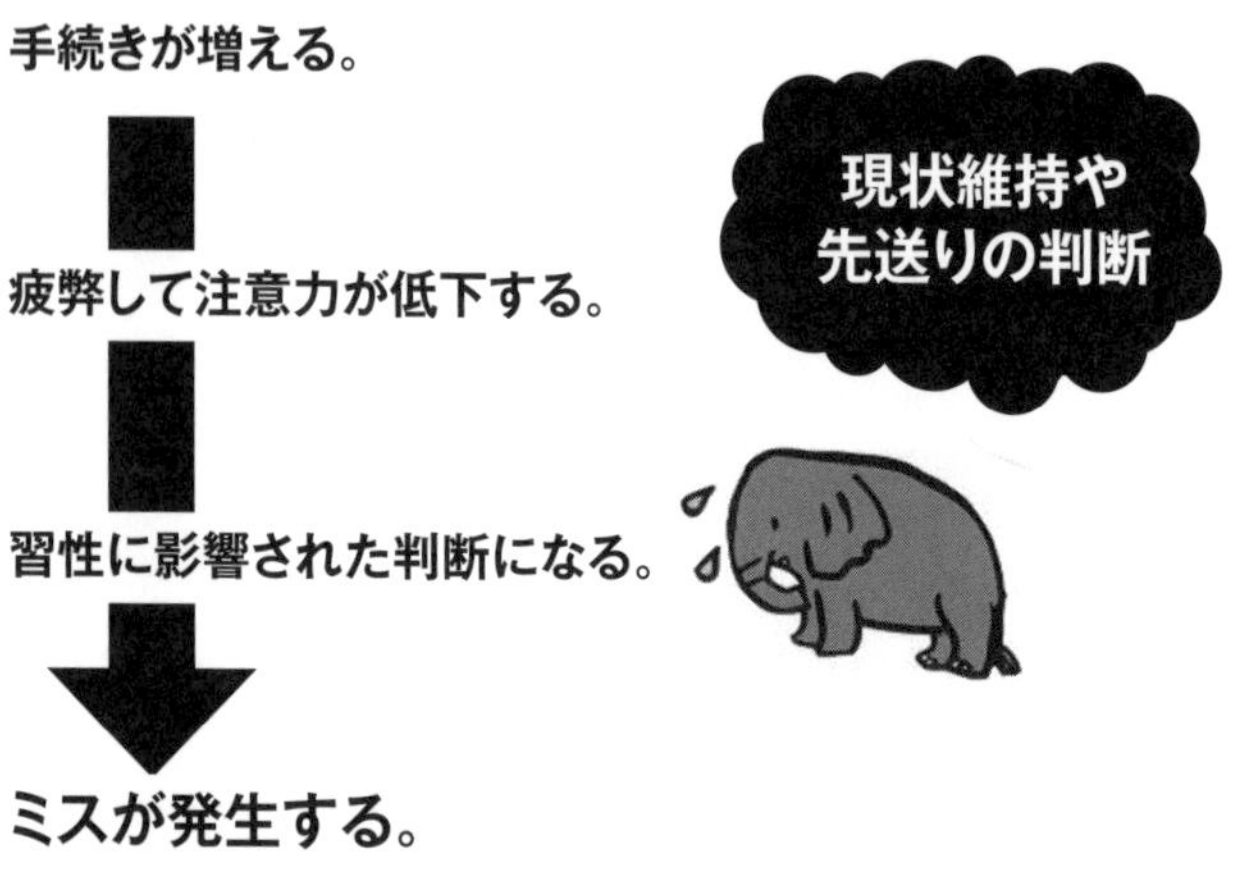
手続きが増える。
疲弊して注意力が低下する。
習性に影響された判断になる。
ミスが発生する。
現状維持や
先送りの判断

い箇所で簡素化ナッジを検討するほうが実効性のある再発防止策になるでしょう。

特にミスが許されない場面として、医療機関での感染症対応があります。緊急時には、防護衣、手袋、ゴーグル、キャップなど何点もの感染防護用品を順序通りに素早く正確に装着することが求められます。

滅多に装着する事態が起きないと、マニュアルを見ながら装着することになります。その際、「マニュアルを見る」「用品を確認する」「順番通りに着用する」といった複雑なプロセスをスピーディーに行うことになるため、まれに着用漏れが起きます。これに対して、ナッジを用いて改善した事例があります。

ナッジ● テーブルの上に着用順にグッズを置き、その流れに沿って着用していくと正しく装着できるようにしたら、着用漏れが激減しました。

置かれた順番に着用したことで、確認したり考えたりする手間がなくなり、時間が短縮しミスも減りました（図6―2）。

2）事故防止には：五感に訴える

医療事故として、多く見られるのは入院患者への配薬のミスです。米国のサンフランシスコのある病院では、看護師による配薬作業が毎日800回ほど行われ、そのうち99・9％正しく行われていました。でも、わずかなミスが積み重なった結果、年間250回にもなりました。この作業はナースステーションで行われ、他のスタッフから声を掛けられやすく、その都度集中力が途切れてミスが起きたようでした。そのため、「集中しているスタッフに声を掛けないようにするナッジ」が考案されました。

図6－2　動線に沿った手続きにした場合

動線に沿った手続きにする。
面倒が減る。
疲れが減る。
ミスが減る。
これなら
できるよ

ナッジ● 作業中の看護師は目立つ色のベストを着用したところ、半年で20%配薬ミスが減りました。[2]

視覚的に目立たせたこと（顕著性ナッジ）で、周りの人は作業中の看護師に声を掛けなくなり、集中して作業できました。一方、「集中していればミスは起きない」と主張してベストを着用しなかった病棟があり、その病棟では同時期にミスが増えました。どんなに頑張ったとしても集中力だけでは問題を解決できないことが立証された形になりました。

昔は「エレベータに乗っていた時、「開」ボタンを押したつもりが、「閉」ボタンだった」というミスがよく起きました。開と閉は文字が似ているので、うっかり者の象は勘違いしやすくなります。

ドアに挟まれると大事故に繋がることもあるにもかかわらず、対応策が「ボタンを押す際に気をつける」だけでは、根本的な解決になりません。

ナッジ● 開閉ボタンを一目でわかるデザインにしたら、押しミスが減りました。

これはユニバーサルデザインの観点からも好ましく、多くの人が押しミスをしなくなったと考えられます。

また、事故予防策が求められる場面として、高速道路の出口があります。「高速道路の出口手前のカーブで事故が起きた。運転者は時速40km程度で走っていたと答えたが、調べたら時速70kmだった」というニュースが見られます。時速100kmで長時間走行していると、速度感覚が鈍ってくるため、運転者の速度認識と実際の速度にズレが生じやすくなります。ここで「自分は制限速度まで減速した」と誤解している運転者に対して「制限速度を守りましょう」という標識を掲げてもあまり効果が見込めません。

図７　エレベータの開閉ボタン

ナッジ●　カーブの手前から道路に横線を引き、カーブがきつくなるにつれて横線の間隔が狭くなる設計にしたことで、運転者は自然に速度を緩めたくなりました。

この横線を見ると、何だか自分が猛スピードを出しているように感じ、減速したくなります。

五感に訴えるナッジは、他にも交通安全で使われています。センターラインをはみ出して、対向車と正面衝突する事故が見られます。うっかり者の象はセンターラインを越えたことを見逃してしまう可能性が大いにあるのです。

図８　カーブの横線

ナッジ●　車道のセンターラインに凸凹をつけることによって、はみ出した車には「ガガガ」と振動が伝わり、危険がすぐにわかるようになりました。

この凸凹は、センターラインを越えた時に、すぐに気づかせてくれるシグナルになります（フィードバックナッジ）。

「運転者が常に細心の注意をしていれば、事故は防げる」――私もそう思いたいですが、象は注意を払い続けるのがあまり得意ではないのです。運転中、路肩で煙が上がっている車の脇に警察官がいる光景を見かけたら、象はそちらが気になってしまいます。車の運転という命に関わるタスクを象に任せているのは、実に危ういものです。

コラム● 高齢ドライバーの象

運転者の高齢化が進展していくと、判断ミスも増えていきます。先日、雪道で埋まっていた車の運転者から「車を後ろから押してください」と頼まれたので、私も含め通行人3人で車を押しました。力いっぱい押してようやく車が動いたと思ったら、いきなり車が後方に発進し、あやうくひかれるところでした。80歳前後と見られるその運転者は、他人に車を押してもらっていることをうっかり忘れてしまったとのことでした。この恐怖を体験した私は、高齢者に向けたナッジの必要性を痛感しました。

災害対応も「事故防止」として、とらえることができます。台風が来て避難指示が出ても、「もう少し様子を見てみよう」と正常時のような対応をする習性（正常性バイアス）が強いと、逃げ遅れてしまいます。

ケース● 災害のアラートを不快な音にしたことで、緊急避難の必要性が伝わりやすくなりました。

あのアラート音は「今すぐ逃げないと」という気持ちにさせます（情動ナッジ）。もし優しい声で「今すぐ避難してください」というアナウンスに変えると、緊急性がうまく伝わらない可能性があります。

3）知らないことを告白させるには：最初に「大丈夫」と伝える

自信のない事柄に対して「この件については、実はよくわかっていません」と告白するというのは、自身の無知や情報不足を晒すようで、嫌なものです。でも、正直に言わないと、医療の現場では助かる命が失われ、ビジネスでは会社が倒産に追い込まれ、軍隊では戦闘に突入し、事件捜査では無関係の人が逮捕されてしまうこともあるのです。このため、「わかりません」の言葉を引き出すための工夫が求められます。次の問題を見てください。

下の問題を英国の児童に出したところ、(1)と(2)はほぼ全員が正解しました（正解は(1)は赤、(2)はいいえ）。しかし、(3)と(4)は76％が「はい」か「いいえ」と答えました（正解は「与えられた情報からはわからない」）。[3] こどもたちでも「実はよくわかりません」と言うのは難しかったのです。大人になるとプライドや立場が邪魔をして、もっと難しくなると推測されます。

「わかりません」を引き出す場合、最もやってはいけないのは、「そんなのも知らないの？」という空気感を出すことです。この空気を察した相手は、「実はよくわかっていません」を口にしなくなります。

「わかりません」を引き出すためには、こ

問

次の文章を読んでください。「メアリーはお母さんとお兄さんと一緒に赤い車に乗って海に行きました。海に着いたら、皆で泳いでアイスを食べて砂遊びをして、お昼にはサンドイッチを食べました」

以下の質問にお答えください。

(1) 車は何色でしたか？

(2) 昼食にフィッシュアンドチップスを食べましたか？

(3) 車の中で音楽を聴きましたか？

(4) 食事と一緒にレモネードを飲みましたか？

の逆を行きます。

ナッジ● 先ほどの「メアリーの問題」で、児童に「わからない質問には、わからないと言っていい」と事前に指示したところ、大半の児童は「わかりません」と言えるようになりました。

このように、最初に「正直に言ったほうが得ですよ」と宣言しておく（タイムリーナッジ）ことで、象は心理的安全性を実感し、「わかりません」が言いやすくなります。一方、話が終わった後でこれを伝えても、今さら間違いを訂正するのは気まずいものです。そのため、最初に伝えることが重要です。

3 残業を減らすためのナッジ

1）つい残業する人には：色を変える

恒常的な残業を減らすには「同じような業務内容や業務量にもかかわらず、恒常的に残業している人とそうでない人とは何が違うのか?」について調べる必要があります。過去の研究では、平等主義的な考え方を持つ人ほど長時間労働しやすくなる傾向が示唆されています。[4] 定時で仕事を終われるかどうかの分かれ道は、勤務終了時刻にあります。その前に退社する準備ができればよいのですが、何となく勤務終了時刻を迎え、「皆が残業している中で先に帰るのは抵抗がある」「もう少し頑張ってみるか」という考えが出てくると、ズルズルと残業に突入してしまいます。

このように「皆と同じ行動をしたい習性」の強い人たちに対して、勤務時間終了に合わせて業務を終わらせるように促すナッジを考えていきます。

ナッジ● 熊本地域医療センター(熊本市)では、勤務時間帯によって看護師の制服の色を「日勤は赤、夜勤は緑」と変えた結果、残業時間が大幅に減りました。[5]

最初に制服の色を変えた(デフォルトナッジ)ことで、どの看護師がどの勤務シフトなのかが一目でわかるようになりました(顕著性ナッジ)。定時を過ぎ、職場の中で1人だけ制服の色が違うという状況になると、違和感を覚えるものです(社会的ナッジ)。これ

は看護師本人だけでなく、周りのスタッフにも時間外勤務抑制に協力する環境を作る作用があります（利他性ナッジ）。それまでは勤務シフトを意識せずに看護師に声を掛けていた医師も、色の違う看護師に声を掛けることは遠慮するようになりました。

このように制服の色を変えるのがわかりやすいですが、それが難しければ、マスクやネームプレートの色を変えても効果があると考えられます。

色を変えることによる残業抑制ナッジは、中央官庁でも行われました。

ナッジ●　法務省では、午前中にその日の退庁予定時間帯に対応するカードを机のアクリルボード等に貼付する（青色：19時までに退庁、黄色：20時までに退庁、赤色：21時までに退庁）といった残業抑制策の実験を行ったところ、約70％の職員が「超過勤務が減ったと感じた」と回答しました。

初期設定は青色にし、残業する場合には、本人が別の色にあらかじめ貼り替えます。それまでは「何時になるかわからないけれども、区切りのいいところまで仕事を進めよう」と考えていた職員も、青色のカードが貼ってあると、「皆に青色カードを示したことだし、今日は帰ろう」という気持ちになったと推測されます。

4　ダイエットのためのナッジ

ダイエットは「辛いのは今、効果を得られるのは将来」という行動であり、象はどうしても目の前の快楽に流されやすくなります。そんな象でもダイエットができるようなナッジを考えていきます。

1）食べ過ぎには：皿を変える

多くの研究から、「大きい食器に盛られた食事はたくさん食べ、小さい食器だとあまり食べない」ということが明らかになっています。[6] これを応用したナッジを紹介します。

ナッジ●　Ｇｏｏｇｌｅ社ではビュッフェ形式の社員食堂で皿を約2・5㎝浅いものに変えた結果、社員は食べ物を3割から5割ほど少なく取るようになりました。

どうやら私たちは、「皿が空になった」という視覚情報で満腹の度合いを決めている可能性があります。社員の肥満に悩む企業では、社員食堂の食器を小さくすることから始めてみるのがよさそうですね。さらにＧｏｏｇｌｅ社の食堂では30〜70％のフードロスを削減でき、経費削減や環境保全にも役立ちました。

また、ダイエットにおいては食べる順番が重要になります。いきなり炭水化物を食べるより、先に野菜から食べることが推奨されています。[7]

ナッジ● 東京都足立区の事業に協力している焼き鳥店では、お通しを野菜にし、さらに一度に肉の串焼きと野菜の串焼きが注文された場合には、特段の要望がない限り野菜の串焼きを先に出した結果、多くの客が野菜から食べ始めました。

空腹の時には出されたものから順に食べたくなる習性を生かした、自然に野菜から食べやすくなる仕組みです（デフォルトナッジ）。皆様も行きつけの店では、「食事の時は野菜の小鉢から先に出してね」とお願いしておくと、自然に野菜から食べられます。

2）うっかり食べてしまう場合には：行動を決めて宣言

私たちが食べるのは「近くにあるもの」です。近くに誘惑があると、象は衝動的に飛びついてしまうため、ダイエットの大敵となるものは、最初から買わないに限ります。でも、象は「実際に食べる時には節度を持つので、少しずつ食べるはず」と、将来の自分の行動に幻想を抱き、ついジャンクフードを買い込んでしまうことをしてしまうのです。これは、夏休みになると「今日は遊ぶ。でも明日からは真剣に宿題をやる」と言いながら、結局いつまでも宿題に着手しない状況に似ています。今、自制できないのに、将来の自分が自制できる確率は低いはずですが、象は確率的に考えるのが苦手なため、誘惑に負けてしまいます。これに対して、タイムリーナッジがお勧めです。

ナッジ● 満腹時にスーパーに行くようにしたら、甘いものを買う量が減りました。

「買い物をするのは満腹時」と決め、それでも空腹時に買い物に行かなくてはいけない状況になったら、お店に入る前に「今日の買い物は、カゴの4分の1まで」と決めておいてはいかがでしょうか？

出勤途中で買い食いする人はあまりいませんが、帰り道では疲れて空腹になるため、誘惑に弱くなります。「仕事の帰りにスイーツを買って夜中に食べて、次の日後悔」という問題は日本中で起きています。これを繰り返さないためには、誘惑に負ける自分の姿を予測して、先回りした作戦を立てることが大切です。

ナッジ● あらかじめ「今日はケーキ屋の前を通らずに、まっすぐ帰る」と帰り道を決め、誘惑の多いルートを避けるようにした結果、買い食いをしなくなりました。

自分が決めたことは守りたくなります。宣言すると、「守らないと恥ずかしい」という気持ちが生まれ、実行できる可能性が高まります（コミットメントナッジ）。ただし、「夏までにやせる」といった抽象的な宣言をしても、象は今何をしてよいかがわからなくなり、結局行動しなくなります。これに対し、「決めた道順通りに帰る」といったわかりやすい目標なら、毎日できそうです。

宣言には、周りの協力が得られるというメリットもあります。宣言しておかないと、友達が「せっかくだからケーキでも食べながら、お話ししない？」と誘ってくる可能性があり、友情とダイエットの板挟みに悩まされながら「お話ししたいし、ちょっとくらいはいいか」という気持ちが起きやすくなります。そして、一度ケーキを食べてしまうと「あとは野となれ山となれ」という習性[8]が働き、せっかく続いたダイエットが終了してしまうことも見られます。さらに残念なことに、友達は善意で誘ったにもかかわらず、その友達に対し「ダイエットの邪魔をされた！」と、ネガティブな感情がわく可能性があります。だからこそ宣言をしておくと、友達は「今日はお茶にしようね」と言いやすくなり、ダイエットも友情も続けられます。

コラム● デザインを変えたら測定者が倍に

カゴメ（株）の「ベジチェック®」は、手のひらを約30秒置くことで、その場で推定野菜摂取量がわかる、自己モニタリング機器です。

スーパーの店頭にこの機器を設置し、たくさんの消費者が測定して自分の野菜不足に気づくと、野菜をもっと選ぶきっかけになります。

当初は、売り場に調和するデザインにしていましたが、特に子どもが興味を持つように、わかりやすいデザイン（認知容易性ナッジ）に変えた（図9）ところ、測定する人が倍以上に増えました[9]。

現在この研究を応用さ

図9　ナッジを効かせたデザイン

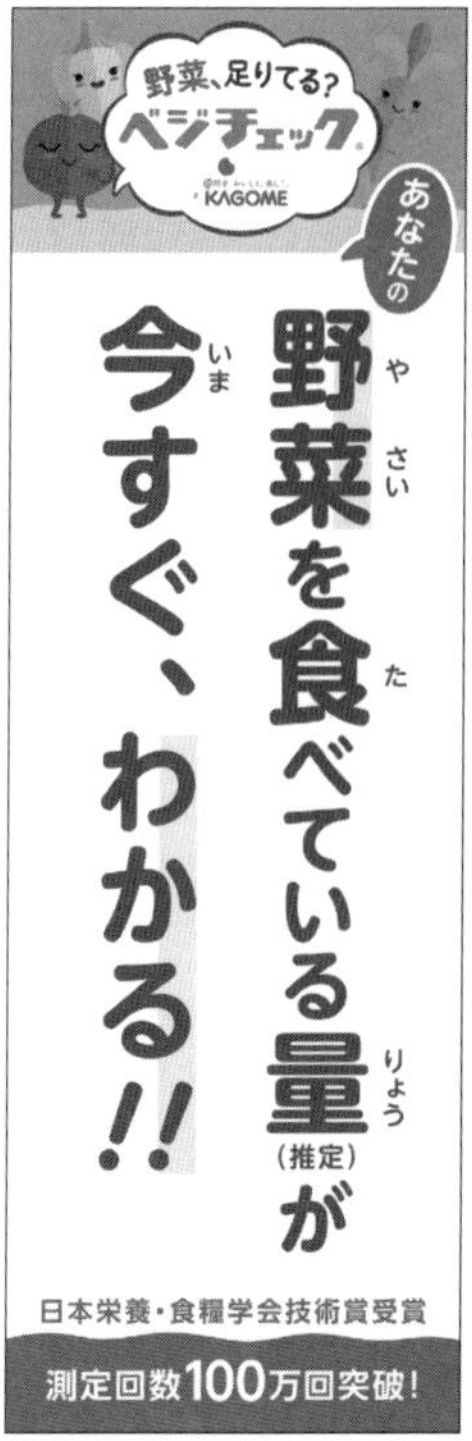

提供 カゴメ（株）

せ、野菜摂取が難しい外食で野菜メニューの注文量を増やすことができるか？」の研究を計画しています。せっかくよい機器があるので、ナッジを設計することで、もっと野菜摂取量を増やしていきたいものです。

3）それでも忘れる人には：リマインドと距離

ダイエット中にうっかりスナック菓子を開けてしまい、その結果「もったいないから食べてしまおう」となった経験は、多くの人から聞かれます。せっかく宣言をしたのなら、その時になって忘れないような工夫をしておきたいものです。

ナッジ●　「ダイエットの誓いの証し」として右手の親指にカラフルな絆創膏を貼ったことで、ダイエット中であることを忘れることが減りました。

右手の親指に貼った絆創膏は食事の前に目に入ります（リマインドナッジ）。この目印によってダイエットのことを思い出せると、「スナック菓子の封をうっかり開けてしまった」という事態は避けられそうです。

４）他人に減量を勧める時には：「あと少し」と伝える

他人にダイエットを勧めるには、いかにやる気を引き出せるかが課題になります。「あともう少しで目標達成なので、頑張ってみるか」というモチベーションに作用して、減量に成功した実験があります。

実験●　ホテル客室清掃員をA・Bグループに分け、Aグループには運動のメリットを記載した文書を配布しました。Bグループにはこれに加え、「目標の200ｋｃａｌ消費には、リネン交換15分（40ｋｃａｌ）、掃除機15分（50ｋｃａｌ）、浴室清掃15分（50ｋｃａｌ）などを積み重ねていくと、あなたもすぐに到達できます」と伝えました。４週間後、Aグループは体重の変化が見られませんでしたが、Bグループは０・８kg減量しました。[10]

４週間で０・８kgとは、効率的な減量と言えます。オリジナルの論文では「プラセボ効果（効果があると思い込むと、本当に効果が出る習性）によるマインドセットの変化による行動変容」と考察していますが、私は「自分の進捗状況が可視化され、ゴールまであと少しだとわかると頑張る習性（目標勾配バイアス）に沿ったナッジ」と解釈しました。つまり、Bグループは「身体活動メリット」という情報の伝達に、「活動量のフィードバック」というナッジを組み合わせたことで、対象者は「既にこれだけ身体活動しているなら、もう少し頑張ってみるか」と考え、活動量を増やした可能性があるのです。

図10のスタンプカードを見てください。どちらも「スタンプ3つを集める」というゴールは同じです。しかし、Bのスタンプカードを渡された人の象は「ここまで来たらゴールはあと少し」「せっかくためたスタンプを無駄にしたくない」と感じ、ラストスパートをかけたくなります。

図10　スタンプカード

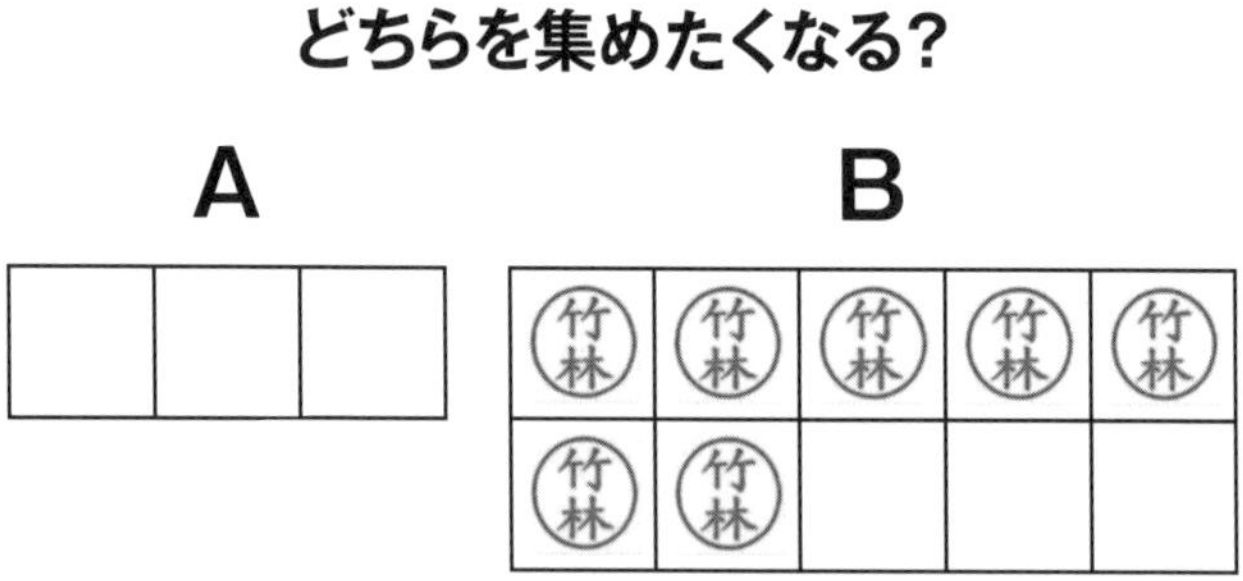

ダイエットをすぐに挫折してしまった人に対しては、つい「ダメだなー」「きちんと最後までやり遂げないと」と、言いたくなるものです。でも、それを聞いた相手は、心の中で象が大暴れし、二度とあなたにダイエットのことは話さなくなることでしょう。失敗した相手に苦言を呈するのは誰でもできます。それよりは、先ほどのナッジを使い、「既にここまで進んでいますね。あと少しです」と伝えると、相手はもうひと頑張りしたくなる可能性が高まります。

5）糖尿病の人には：食べ物の陳列を変える

私は先日、骨折して1か月間入院しました。入院中に車いすで院内の売店に行った時、店の片隅でこっそりとジュースを飲んでいる人がいました。店員さんに聞いたところ、「あの人は糖尿病で入院している患者で、甘いジュースを買ったのが医師や看護師にバレると怒られるので、急いで飲んでいるのよ」とのことでした。これは誰も得をしていない状況です。その患者は急いで飲んでいるのでおいしさを味わえませんし、飲んでいることがバレると病院を追い出されるリスクがあります。病院にとって、せっかくの治療が無駄になります。売店にとって、イートインコーナー以外の場所で飲食している客がいるのは迷惑です。国民にとって、この患者の不摂生のために医療費の負担が増えます。

食べ過ぎの人には、せっかちな習性が見られます。その上、空腹時には行動が直線的になります。その患者も「甘いジュースをやめたい」と思っていても、目につく場所に甘いジュースがあれば、つい手が伸びてしまいます。これに対し、象の習性に沿ったナッジを設計することで、皆の不満を解決できます。

ケース● 台東病院（東京都台東区）内のコンビニでは、無糖飲料（水・お茶・ブラックコーヒー、砂糖不添加の野菜ジュース等）の本数を倍に増やし、手に取りやすい場所に配置しました。その結果、全体の売上が増え、うち無糖飲料が20％増で加糖飲料（甘いジュース等）が18％減となりました。[11]

「目についたものを選ぶ」という象の習性に訴求したナッジ（アクセスナッジ）を行った結果、売上も増えました。低コストで実施でき、患者も病院も売店も国民も満足する、望ましい解決策です。

6）無関心層には：達成可能なゴールを設定する

私には「無関心層の人に運動習慣を定着させるためのナッジはありませんか？」という依頼が多く寄せられます。この依頼を受けた時こそ、私は「よくわかりません」と答えたくなる瞬間です。ナッジは象を後押しする方法であり、行動変容ステージを１段進むくらいのパワーしかありません（第１章参照）。ナッジだけで無関心期の人を関心期、準備期、実行期、定着期へと一気に進ませるのは難しいです。その上、ナッジで身体活動や運動を促すのは、多くの研究者が苦戦しています（第１章参照）。無関心層の人に運動習慣を定着させるためのナッジは、かなりの難題なのです。

とは言え、せっかくの依頼ですので、私は「運動習慣の定着化ができるかどうかはわかりませんが、無理なく始められるナッジから試してみてはいかがでしょうか？」とお答えしています。

ケース● 居間の壁に「スクワット１回」と張り紙をした結果、私は毎日50回以上スクワットをするようになりました。

これは「いくらなんでも、これなら絶対にできる」という小さな行動まで目標を下げる、「スモールステップナッジ」です。私はどんなに体調が悪くても、その張り紙の前を通るたびに必ず1回スクワットをします。1回スクワットをやると、それだけでやめるのが惜しい気持ちが生まれ、5回、10回と続けたくなるものです。

7）歩数を増やすには：ゲーム要素を取り入れる

定期的な運動をするのが難しくても、せめてエスカレータの代わりに階段を使いたいものです。しかし、エスカレータと階段が並んでいる場所では、大半の人がエスカレータを使っているのが現状です。そこで、階段利用へ促すためのナッジを紹介します。

ナッジ● 駅の階段をピアノの鍵盤に見立て、踏むと実際に音が鳴るようにしました。鍵盤によって階段を使う楽しさが生まれ、階段を使う人が増えました。[12]

この鍵盤は実に楽しそうですが、実際に導入するには、予算と防音対策の問題があります。そのため、シンプルな階段利用促進のナッジを紹介します。

ナッジ● 公共施設の階段には「ここまで上ったら○キロカロリー消費」といった情報提供メッセージが掲示されています。

これなら消費カロリーに関する教養も身につき、他の場所でも階段を使いたくなります。なお、このメッセージは「教育的な要素が強く、ナッジではない」という意見もありますが、私は「達成度がその場でわかると、楽しくなる」という観点から、ナッジに分類しました。

さらに、「歩くことそのものの楽しさ」を付与したナッジとして、柏の葉キャンパス駅（千葉県柏市）前の歩道を紹介します。

ナッジ● 歩道に1m間隔ドットの物差しデザインを描いたところ、歩行者は歩くのが楽しくなりました。[13]

どうせならワクワクする道を選びたいものです。
私もこのデザインの歩道があれば、背中を押されたように大股でどんどん歩きたくなります。
　このデザインはオフィスや学校、ショッピングモールなど、いろんな場所で応用できそうです。

図 11　柏の葉キャンパス駅前の歩道

提供　千葉大学予防医学センター

コラム● ナッジが設計された健康プログラム

健康プログラムやアプリは「いかにやる気を起こし、それを行動に繋げていくか」が成功要因です。そのためにナッジ要素が用いられているものも増えてきています。私が関わった健康プログラムやアプリと、そこに設計された主なナッジを紹介します。

■くうねるあるく：(株) バリューHR

健康に関する1コマ漫画が送信されるため、ユーザーは「面白そう」と感じてから健康情報に移ることができます（タイムリーナッジ）。また、1コマ

図12　くうねるあるくの1コマ漫画

漫画の配信が楽しみで、アクセスする人が増えたと推測されます。

■みんチャレ：エーテンラボ（株）

5人1組でチームを作り、目標行動を宣言し、毎日報告して励まし合います（社会的ナッジ）。

お互いに宣言し合い、コミュニケーションを重ねると、目標達成可能性が高まります。

図13　みんチャレの画面

みんなで歩こう♪
12月4日の達成状況
8130/40000歩
OK
今日も1時間、しっかり歩きました！
けい 9:41
偉い～！
みんな習慣化できてすごい！
さやか 9:41
毎日ウォーキングを継続できるなんて、とっても偉い！
9:41
送信
Aa

■ポケットセラピスト：(株) バックテック

ユーザーが指名した専門職スタッフ（理学療法士・作業療法士等）がいつでも親身に相談に応じます（社会的ナッジ）。「相談を断られたらどうしよう」という不安が減少し、さらに「親切に相談に乗ってくれたスタッフの期待に応えたい」という気持ちがわきやすくなります。

図 14　ポケットセラピストの画面

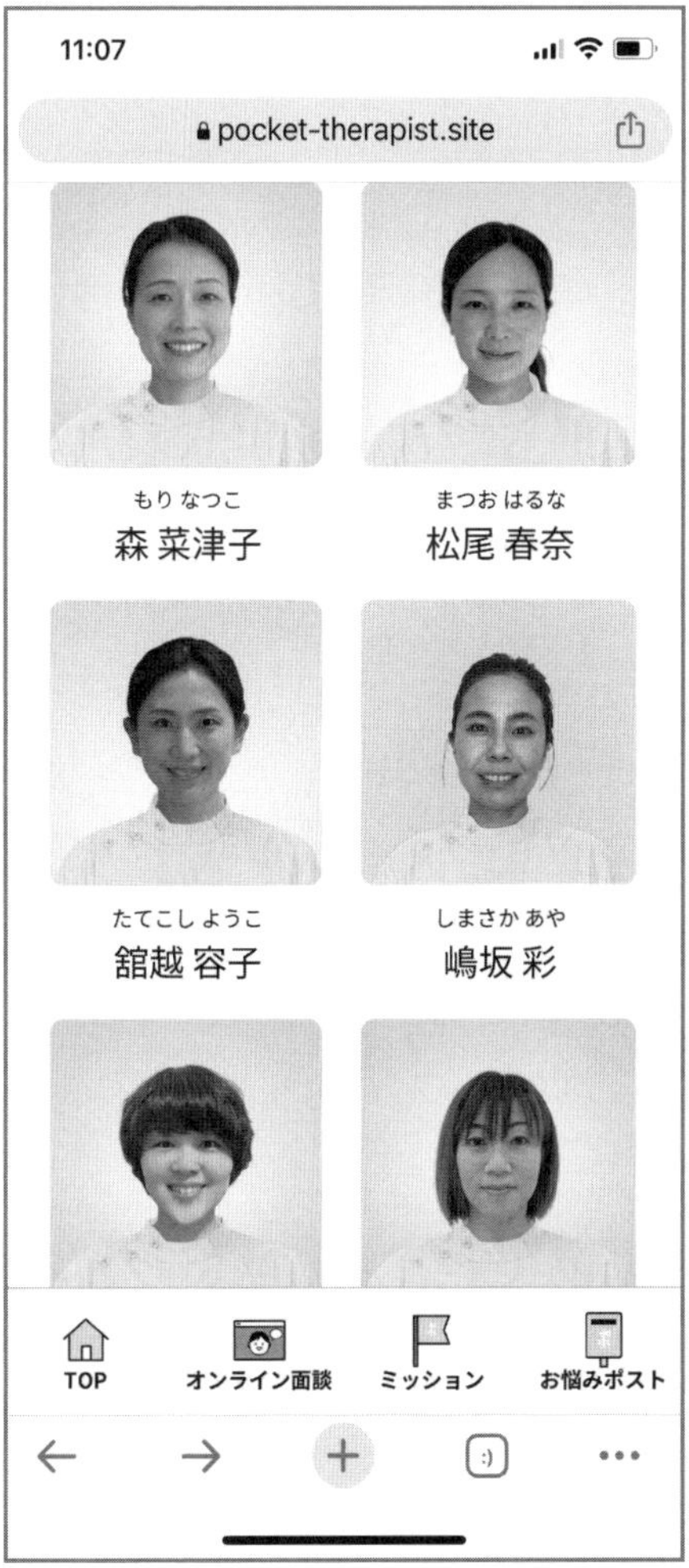

■kencom：DeSCヘルスケア（株）

キャラクター「エアモ」が歩数などについて決めたミッションをクリアすると見た目が変化することがあります（印象的ナッジ）。ミッションがクリアできなくても、エアモが死ぬのではなく、家出することになるため、一度失敗しても再チャレンジしやすい設計に

図 15　kencom の画面

なっています。

■こつこつ（CO2CO2）：（株）Linkhola

通勤や外出で歩き、削減したCO2に応じて、樹が育っていきます（印象的ナッジ）。続けているうちに樹が生い茂っていくプロセスを見るのはほっこりするもので、無理なく継続できそうです。

図16　こつこつ（CO2CO2）の画面

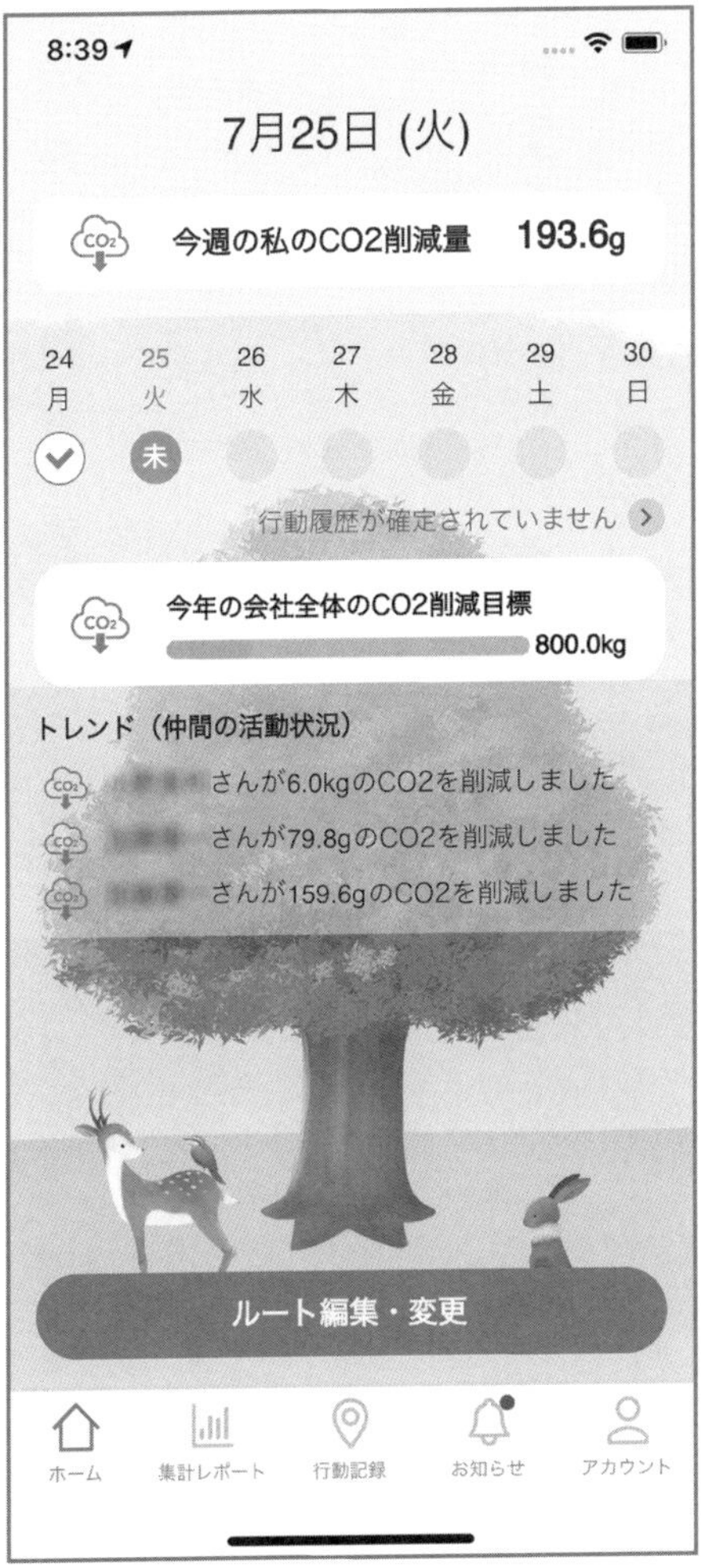

5　消毒液を利用してもらうためのナッジ

感染症は一定の確率でやってきます。職場で集団感染が発生すれば、仕事どころではなくなります。適切な予防行動によって、感染する確率を下げることができます。ところが、予防のために玄関に消毒液を置いても、なかなか使われないケースも多く見られます。このため、消毒液利用のナッジが求められます。

1）予算がある場合：思わず使いたくなるデザインに

ナッジを用いて消毒液の利用を促した事例を紹介します。

ナッジ● 大阪大学医学部附属病院では、「真実の口」のレプリカの中に、消毒液の自動噴霧器を設置しました。レプリカ設置前は消毒液利用者が0・6％でしたが、設置後は2・8％に、さらにメディアで取り上げられた後は10％に増えました。[14]

図 17　消毒液が設置された真実の口

絵：竹林正樹

「観光を味わった気分になり、その上感染症予防にもなる」という、遊び心満載のナッジです。

なお、真実の口のレプリカは、学術的には「仕掛学」と位置付けられることが多いですが、ここではナッジとして扱います。

2) 予算がない場合：小さなナッジの合わせ技

ただし、このレプリカを実際に設置するには、予算も時間も必要になります。少ない予算ですぐにできる消毒液利用促進ナッジでないと無理という人も多いです。

新型コロナウイルスの感染流行初期、ある保健所では、利用者は玄関に置いた消毒液を平均３日に１プッシュしか使っていませんでした。

保健所の利用者は、消毒液利用の必要性は理解しているはずです。これに対し、予算も時間もあまりかけずに消毒液の利用量を増やした事例[15]を紹介します。

ナッジ● 保健所の入口に消毒液を設置しました。１週目は「消毒液を使って下さい」といった一般的な張り紙をし、２週目は消毒液に向けて床に矢印を描き、３週目は「消費量を計測しています」と張り紙をし、4週目は消費量が増えている様子をグラフにして掲示しました。

その結果、4週目は1週目に比べ1・9倍の消費量になりました。

2週目は矢印で消毒液の存在を目立たせ（顕著性ナッジ）、3週目は「他人の目を感じると正しい行動をしたくなる習性」に訴え（モニタリングナッジ）、4週目は「他の人もやっているのなら、自分も」という習性に訴求（同調ナッジ）しました。

もしも情報提供やインセンティブで1・9倍の利用量増加にしようとしたら、莫大な時間や労力、コストがかかると推測されます。

しかし、これらのナッジは発案後にすぐに実行され、かかったコストは100円だけでした。

コラム● 竹林家の玄関

我が家の玄関には消毒液を5本置き、「お好きなタイプをお選びください」としています。「消毒するか、しないかを選ぶ」ではなく、「（消毒液は使うという前提で）どれを使うか選ぶ」と、初期設定を変えたこと（デフォルトナッジ）で、多くのお客様が自発的に消毒液を使うようになりました。

図18　玄関の消毒液

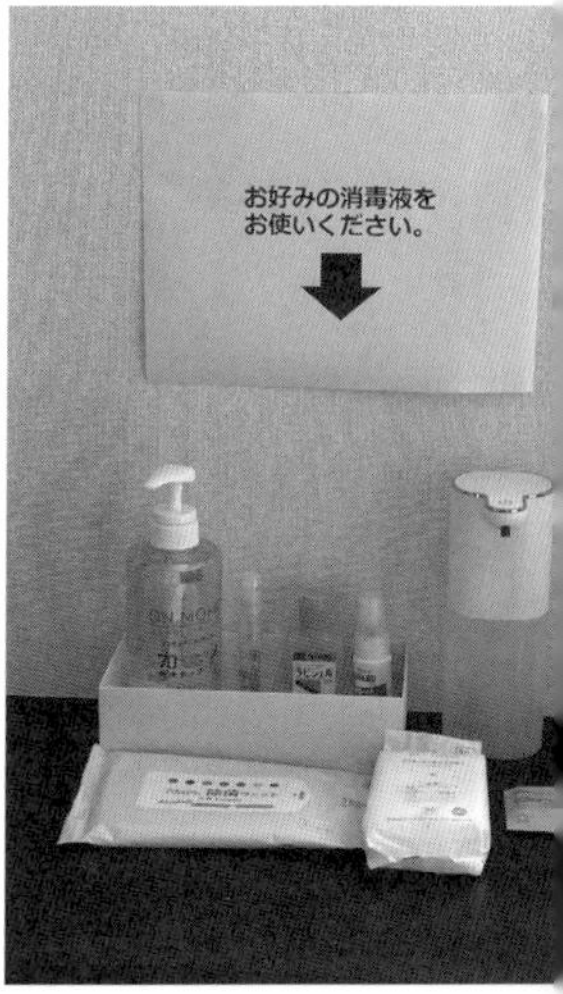

6　省エネを促すためのナッジ

私たちが今、エネルギー浪費したとしても、資源枯渇や環境悪化といった不利益は将来の世代に降りかかります。

エネルギー浪費と不利益発生にはタイムラグがあるため、多くの人は省エネに危機感を持ちづらい傾向があります。

このままでは「深刻さに気づいた時には、もはや手遅れ」となる可能性が高いです。今からできる、省エネに向けたナッジを提案していきます。

1）他人に省エネを求めるには：他者の状況を示す

ナッジ● 米国での実験では、「あなたの電力消費量は近所の世帯と比べて○ワット多いです」と知らせ、世帯に応じた具体的な省エネアドバイスを送ったところ、1・4〜3・3%の節電に繋がりました。[16]

これは他人の望ましい行動を真似したくなる習性に訴求した同調ナッジと、明確な行動指示（簡素化ナッジ）を組み合わせたものです。「省エネしましょう」「節約して財布にも優しい生活を」といった正論的メッセージではなかなか動かなかった人も、近所の人の省エネ状況は気になったようです。

2）自分が省エネするには：オフにすると繋がるシールを貼る

私は省エネを心掛けるようにしていますが、洗面台の電気はつけっ放しになることが多いです。鏡の前でヒゲを整えると、大きな仕事を完了した気分になり、そこで電気のスイッチを切ることが抜け落ちたと思われます（完了バイアス）。いくら気をつけても切り忘れるので、ナッジを設計してみました。

ナッジ● スイッチに動物のシールを貼り、「スイッチオフ」の状態では動物の絵が繋がり、「スイッチオン」の状態では絵が途切れるような仕掛けにしたところ、切り忘れがなくなりました。

図 19—1 「オフ」の状態

図 19—2 「オン」の状態

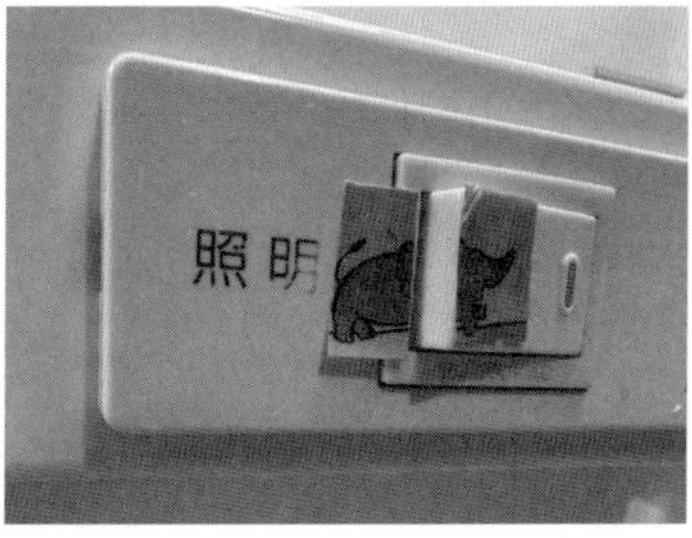

私たちは安定状態を好む習性があるため、動物シールが途切れた状態は何だか落ち着かず、それが繋がった状態になるとホッとします。特に私はこの動物シールに愛着があるため、「すぐにオフにして繋げたい」という気持ちが働きます。

トピック● 漫画『ドラゴンボール』の単行本は、1巻から順に並べると、背表紙のドラゴンの絵が1本の線のように繋がります。今思うと、あれは本を雑然と並べる人に対して、1巻から順序良く並べるようにさせるためのナッジだったのかもしれませんね。

コラム● ナッジを使ってはいけない場面

ここまで紹介したナッジに共通しているのは、「社会善」のために使われていることです。行動経済学の前提として、ナッジは私利私欲を満たすために使ってはいけないのです。例えば、ジャンクフードは体に良くないという

図20 ドラゴンボールの背表紙の写真

ことはコンセンサスができている中、ジャンクフードメーカーが消費拡大のためにナッジ要素を使った場合、ナッジの悪用の「スラッジ（第1章参照）」に当たります。私はいろんな業界の方からナッジの相談をいただくことがありますが、行動経済学の目的に反する内容の依頼は、全てお断りしています。

7　組織で使われているナッジ

政府や自治体、企業では「ナッジ・ユニット」と呼ばれる、ナッジを推進するためのチームが設置され、組織横断でナッジを活用する動きが活発化してきています。私が関わっているナッジ・ユニットが実施したナッジのうち、主なものを紹介します（設立順に記載）。これらのナッジ・ユニットはメディアで紹介されることが増えており、とても意義のあるものです。

日本版ナッジ・ユニット（事務局：環境省）「レジ袋有料化キャンペーン」

２０２０年7月からのレジ袋の有料化の前に、調査会社の個人モニターを対象に、レジ

図21　グループごとのメッセージ

マイバッグの利用促進に向けたメッセージの検証

第1グループ	第2グループ	第3グループ	第4グループ	第5グループ
記録のみ（ナッジメッセージなし）	ルールと実施してほしいことを伝える「役所の標語」	「損失回避」への働きかけ	「みんなでチャレンジ」	「環境配慮」への働きかけと「みんなでチャレンジ」
買い物日記をつけてください	7月1日からレジ袋が有料化されます　マイバッグを利用しましょう	7月1日からレジ袋が有料化されます　1枚10円のお店もあるので1年毎日買い物をすると3000円も損するかもしれません	知っていますか？ あなたの周りの人たちが動きだしていることを　「エコバッグを使おう1ヶ月チャレンジ」を始めます	壊してはいけない。海の生き物の未来を　「エコバッグを使おう1ヶ月チャレンジ」を始めます

袋やマイバッグの利用状況を1か月間調査しました。

　モニターを無作為に5つのグループに分けて、それぞれのメッセージ（図21）の効果をランダム化比較試験により検証しました。

　第1グループに比べ、第

図22　レジ袋有料化のキャンペーン

2～5グループはいずれも統計学的に有意な効果が見られました。中でも最も効果が高かったのは、「みんなでチャレンジ」と呼びかけて、レジ袋の辞退率の結果を定期的にフィードバックした第4グループ（同調ナッジ）でした。これを受けて、レジ袋有料化の施行に合わせて実施した普及啓発のキャンペーンでは、「みんなで減らそうレジ袋チャレンジ」と呼びかけ、レジ袋の辞退率やマイバッグの利用率等をウェブで公表しています。[17]

竹林コメント●　ナッジを使うにも、どの手法がベストなのかは、やってみなければわかりません。ただし、「多額の予算を投入して本番にのぞんだけれども、うまくいかなかった」では困るため、準備段階でどの方法がベストなのかを比較検証し、本番での失敗リスクを下げることが求められます。

今回行った「ランダム化比較試験」はエビデンスレベルが高い手法（第1章参照）で、「政策評価における黄金的基準」として位置づけられています。エビデンスに基づく政策立案が求められている中、この検証は行政事業のよい手本になると感じます。

横浜市行動デザインチームと横浜資源循環局　「飲食店の食品ロス削減に向けた実証実験」

飲食店から発生する食品ロスの多くは食べ残しです。[18] 横浜市資源循環局では、横浜市行動デザインチームの支援のもと飲食店における食べ残し削減のナッジ企画し、(株) ゼットンと連携協定を結び、同社が運営するアロハテーブル コレットマーレみなとみらい店で実験を行いました。その一部を紹介します。

(1)メニュー表にライスのサイズを選択することを基本にし、サイズごとの量の大まかな目安がわかるようにスタッフの写真とコメントを掲載しました (認知容易性ナッジ)。

(2)子ども向けに、完食時に表彰状を授与し、お菓子のつかみ取りに挑戦できるようにしました。

結果は次の通りとなりました。

(1)ライス小盛・大盛の選択割合が8%から26%へ上昇し、食べ残し量も減少

(2)子ども連れのグループだけでなく、大人のみのグループでも食べ残し量が減少

これらの内容は、「ナッジ等を活用した食品ロス削減行動促進事業報告書」や「食品ロス削減 idea book」として、横浜市ウェブ[19]で公表されています。

図 23　横浜市の事業

調査方法

本調査は以下の流れで実施した。

現況調査		介入案の検討		ナッジ介入
どのようなものが食品ロスとして発生しているかを把握するため、通常時の食品ロス量の計量を実施。	⇒	現況調査の結果を踏まえ、各店舗において相応しいナッジ介入案を店舗と協議しつつ検討。	⇒	各店舗において 2 ～ 3 種類のナッジ介入（以下に記載）を行った際の食品ロス量の計量を実施。

	分析・考察		今後の展開
⇒	ナッジ介入時の結果について、さまざまな視点から分析・考察。	⇒	調査結果より、他の飲食店への水平展開について検討。

ナッジ介入

<アロハテーブル>

現況調査の結果、ライスの残渣量が多いことがわかったため、主にライスに焦点を当て、以下に示す 3 種類の対策を行うこととした。

介入①：ライス量選択の必須化＋メニュー表に量を表示することによる量の可視化

ライスのサイズを選択することを基本としつつ、メニュー表にシールを貼付し、量の大まかな目安がわかるようにした。

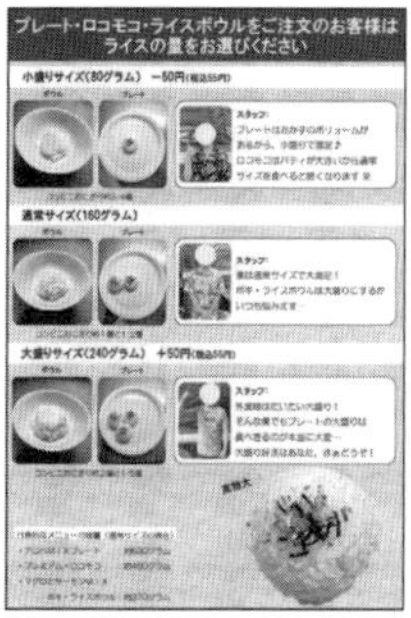

図 3　ライス量の選択を呼びかける POP

図 4　メニュー表に貼付した量を表示するシール

- 2 -

竹林コメント● 飲食店での食品ロス発生の一因として、「提供されるライスの量」と「来店者がイメージする量」の間にギャップがあることが挙げられます。この実験では⑴で事前にそのミスマッチを取り除き、⑵で最初から完食できる量を注文する動機として表彰状を用意しました。これらは低コストで食べ残しを減らすことができることが示唆されました。食料自給率の低い日本でこそ、このようなナッジでの食品ロス予防策が求められます。今後、他の店舗でも展開していくことが期待されます。

尼崎版ナッジ・ユニット
「商店街での新型コロナ対策」

新型コロナ感染初期に商店街でソーシャルディスタンスを確保するため、足跡シールや停止線のシールを床に貼り（図24）、来店客が自然に適切な距離が確保できるようなナッジを設計しました（規範ナッジ）。まずは食肉店、天ぷら店で始め、その

図 24　床のシール

後他の店舗にも広まりました。コロナ禍が始まった直後のかなり早い段階に導入したことから、メディアでも大きく取り上げられ、日本での「新型コロナ対策としてのナッジ」の紹介として世界保健機関（ＷＨＯ）でも紹介されました[20]。

その後、天ぷら店から「支払いの際に指を舐めてお札を取り出すのをやめさせたい」という相談があり、カウンターに「指ペロ禁止」のポップを設置しました（図25）。支払い時に自然にポップが目に入るようしたことで、「指ペロ」は激減しました。

図25　指ペロ禁止のポップ

竹林コメント●　コロナ禍では、社会全体が不安と疲弊に襲われ、どうしてよいかわからなくなった象が暴れ出す場面も見られました。そんな中だからこそ、簡素化ナッジでシンプルに情報を示すことが求められたのです。私はコロナ感染初期の２０２０年3月に尼崎版ナッジ・ユニット立ち上げの講演会のために尼崎市に伺った際、これらのナッジの話を

聞いて、感銘を受けたことを覚えています。「指ペロ」のどこか人をなめたような表情が、「これはやってはいけないことだ」という印象を与えると感じます。

岡山県版ナッジ・ユニット 「研修会チラシの改善」

食品衛生法の改正により事業者に衛生管理の手法「HACCP（ハサップ）」導入が義

裏

「衛生管理計画作成ミニ研修会」参加申込書

【FAX送信先】 (086)271－0317　備前保健所衛生課

【締め切り】 令和元年７月１日(月)　定員になり次第締め切り

【日時・場所】令和元年７月４日(木)　１５時～１６時

サンバース４階　第１ホール

(備前市日生町寒河２５７０－３１)

参加者氏名		(ふりがな)
飲食店の名称		
連絡先	住所	
	電話・FAX	
説明会に関するご質問等		

注)ご記入いただいた個人情報は、本会の目的以外には使用いたしません。
上記に記入漏れ等がありましたら、電話等で確認させていただく場合がございます。

〈問い合わせ先〉　岡山県備前保健所衛生課　TEL(086)272－3947

務付けられました。岡山県では導入支援研修会を開催するに当たり、ナッジを活用し案内文と送付方法の改善効果を調べました。従来の研修会では、チラシの表面に案内、裏面に参加申込書（図26）を記載し、HACCP制度の解説を同封した上で、封筒で郵送していました。

図26　従来の案内文

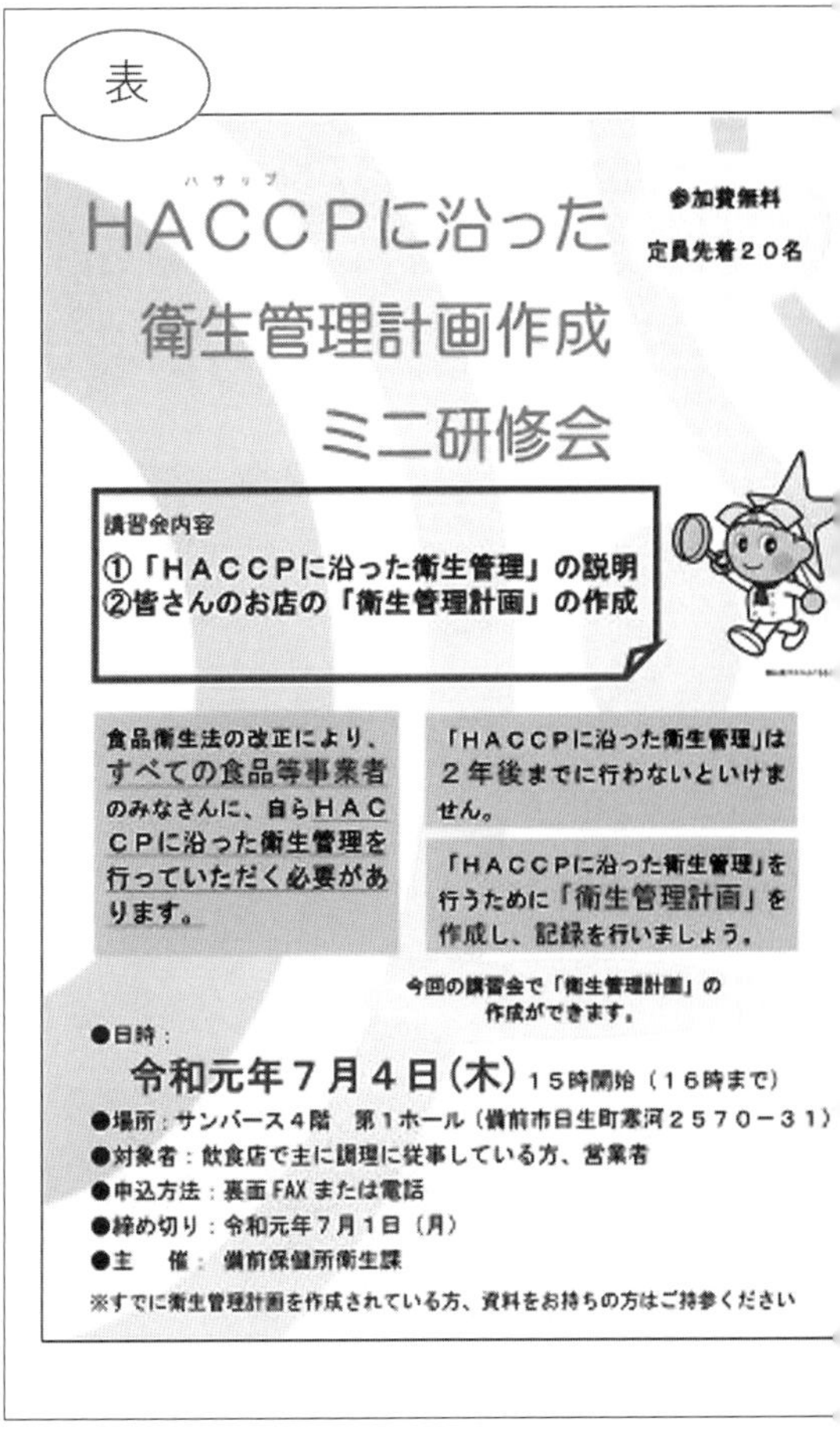

申し込みまでの行動プロセスは、「①封筒を開ける②チラシを見る③チラシの内容を理解する④スケジュール調整をする⑤申込書に必要事項を記入して申し込む」となります。中でも①から③までに多くの人が行動をやめてしまっているのではないかと推測しました。

改善案では、受け手に見てもらうための工夫として、封筒ではなく、A４サイズのハガキに変更し、内容についても極力文字数を減らしました（簡素化ナッジ）。また、義務感を強調するため、キャラクターではなく岡山県章マークを使用するとともに、メリット・デメリットの記載など、受け手の心理・行動特性に働きかけるメッセージ（印象的ナッジ）を盛り込みました（図27）。

改善案の効果を検証するため、研修会の案内を送る対象施設１４１件を、従来の案内を送る従来型グループと改善後の案内を送るナッジ型グループに無作為に振り分けて、申込率の差を検証するランダム化比較試験を行いました。

検証の結果、従来型21・1％、ナッジ型36・2％とナッジを使ったことで申し込みは1・7倍に増えました。この結果を踏まえ、改善後の案内は県内の他の保健所に拡大して実施することとなりました。

図27－1　ナッジを設計したハガキ（表）

改善のポイント1

【見てもらうための工夫】
①封筒は用いずA4の厚めの用紙で、ゆうメール便で送付（A4サイズのハガキを送る）
②情報は最大限シンプルにする

【義務感、デメリットを強調】
③HACCP対応についての義務感を強く出す
④公的機関からの通知であるように、岡山県章マークを利用
⑤研修会を作成会に名称変更

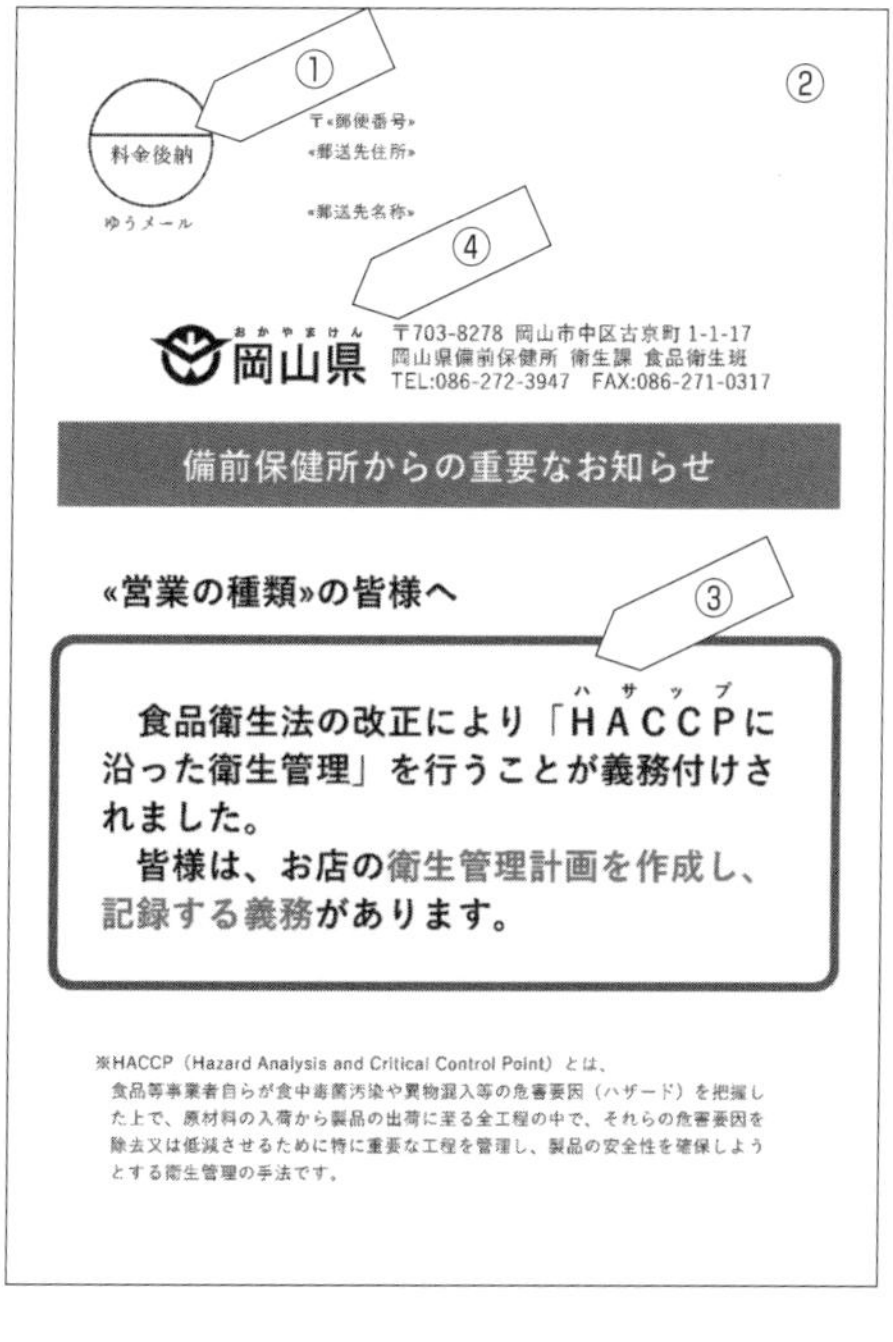

図27−2　ナッジを設計したハガキ（裏）

改善のポイント2

【デメリットを強調】

⑥参加にメリット（参加しないことにデメリット）があることを示す

【参加しやすい仕組みの構築】

⑦申込方法は従前と同様だが「参加できない人も保健所へTELしてもらう」という行動指示を追加することで、都合が悪い人にも対応する

⑧作成会に希少感を出す

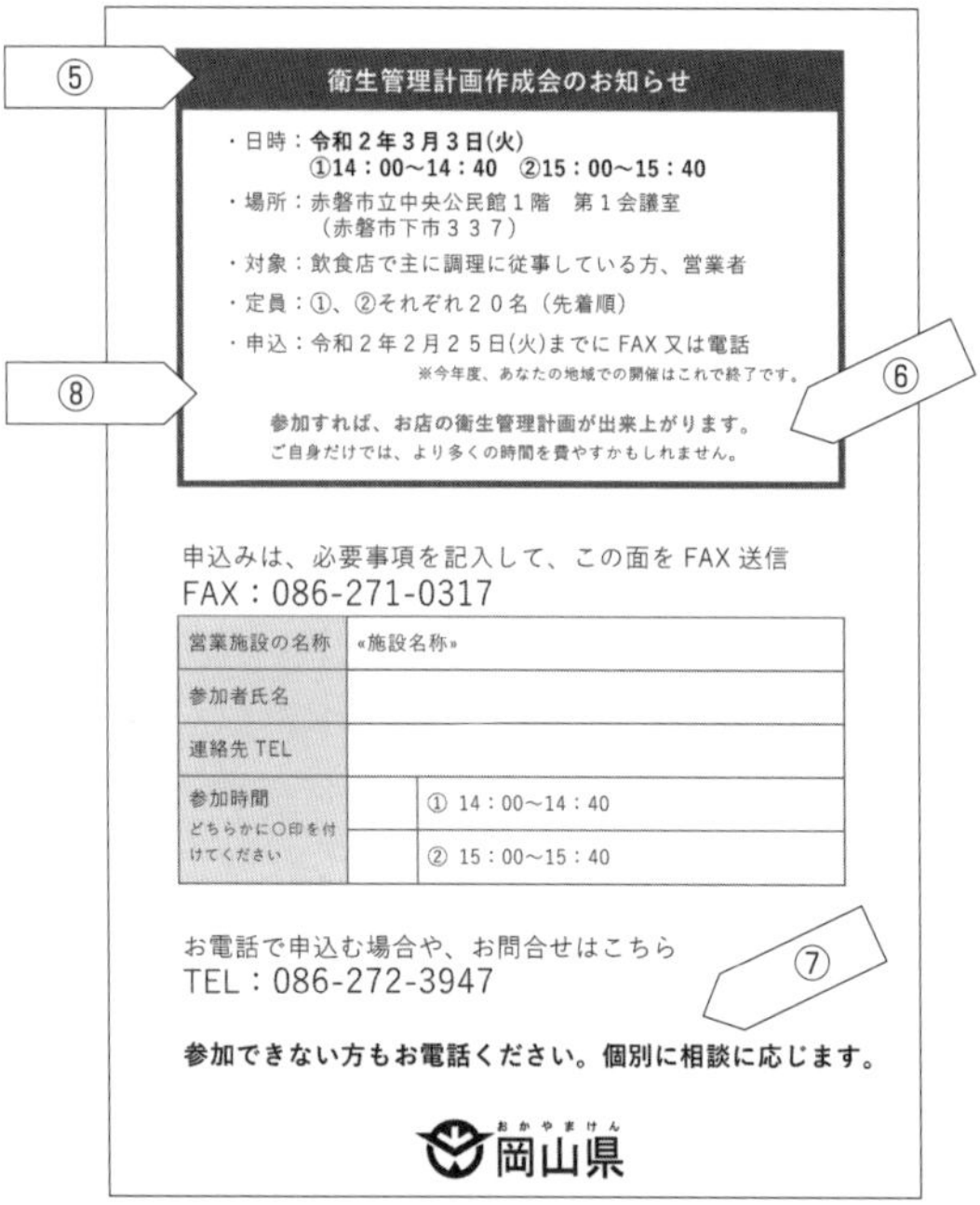

衛生管理計画作成会のお知らせ

・日時：**令和２年３月３日(火)**
①14：00〜14：40　②15：00〜15：40

・場所：赤磐市立中央公民館１階　第１会議室
（赤磐市下市３３７）

・対象：飲食店で主に調理に従事している方、営業者

・定員：①、②それぞれ２０名（先着順）

・申込：令和２年２月２５日(火)までに FAX 又は電話

※今年度、あなたの地域での開催はこれで終了です。

参加すれば、お店の衛生管理計画が出来上がります。

ご自身だけでは、より多くの時間を費やすかもしれません。

申込みは、必要事項を記入して、この面を FAX 送信
FAX：086-271-0317

営業施設の名称	«施設名称»	
参加者氏名		
連絡先 TEL		
参加時間 どちらかに〇印を付けてください		① 14：00〜14：40
		② 15：00〜15：40

お電話で申込む場合や、お問合せはこちら
TEL：086-272-3947

参加できない方もお電話ください。個別に相談に応じます。

岡山県《おかやまけん》

竹林コメント●　行政が送る案内文は前例踏襲になりやすく、新しいものに変えようとすると、周囲からの反対が起きることもあります。岡山県版ナッジ・ユニットではハガキを作成したことで、対象者の開封の手間をなくし、印刷代や郵送費も節約できました。さらにランダム化比較試験によって数値で効果を示したため、説得力ある形で実施できるようになりました。

OZMA Nudge Social Design Unit「運動チャレンジ」

静岡県からの受託事業として、ナッジを用いた運動促進の研究を行いました。静岡県内に事業所を置く7社の従業員を次の３つのグループ（群）に分け、１か月間の歩数やヘルスリテラシーの変化を比較しました。

(1)アプリ群：宣言型アプリ「みんチャレ」を用い、ランダムに割り当てられた5人程度のチームで目標歩数を宣言し、毎日の歩数を写真付きで報告
(2)宣言のみ群：目標歩数を宣言し、その後は各自で努力
(3)対照群：介入なしで観察のみ

結果は、アプリ群は対照群に比べ600歩以上増え、ヘルスリテラシー尺度も進展しました。[21] ナッジで身体活動促進という難題に対し、宣言型アプリの効果を示唆することができました。

あわせて、ナッジと健康教育の両面から訴えかけるチラシも作成しました。

図 28　ナッジ×健康教育チラシ（表）

（裏）

まずは目標を宣言しよう！

でも、何をどうやって宣言すればいいのかしら…。

行動する時間と場所を決めておくと効果が出やすいですよ。
①周りの人に直接宣言②SNSで宣言③アプリで宣言のうち、
自分にとってやりやすいものを選んでみましょう。
特にアプリは、似た宣言をした人同士で励ましあいながら進められるのでやりやすいかもしれませんね。

＼ あなたも宣言してみませんか？ ／

宣言記入欄

Column ナッジのほかにも必要なのは？

＼福田先生に聞く！／

ナッジで運動の楽しさに目覚めたら、運動の効能にも関心がでてきます。運動が健康に有益なのは言うまでもありませんが、2020年以降1日の歩数が約600歩減少し、座位時間が増えたことがわかっています。座位時間を減らすとメタボだけでなくうつ病やがんの予防にもなります。コロナ禍では運動不足の解消はより重要です。ナッジ（そっと後押し）でやる気のきっかけづくり、ヘルスリテラシー（健康情報力）で行動がぐっと定着するのです！

福田 洋　順天堂大学大学院 医学研究科先端予防医学・健康情報学講座 特任教授

専門は予防医学、産業保健、健康教育・ヘルスプロモーション、ヘルスリテラシー。山形大学医学部卒業、順天堂大学大学院医学研究科（公衆衛生学）修了。産業衛生指導医、人間ドック健診指導医、日本プライマリ・ケア連合学会認定指導医、社会医学系指導医、労働衛生コンサルタント、公衆衛生専門家。さんぽ会（産業保健研究会）会長。著書『ナッジ×ヘルスリテラシー――ヘルスプロモーションの新たな潮流』（大修館書店,2022）。働きざかり世代に有効で感謝される予防医療の確立を目指しています。

竹林 正樹
青森大学客員教授、
OZMA Nudge Social Design Unitアドバイザー

専門はナッジを用いたヘルスケア。立教大学経済学部、米国University of Phoenix大学院MBA、青森県立保健大学大学院博士課程後期修了。ナッジを紹介したTEDxトークはYouTubeで70万回以上再生。ナッジの魅力を静岡県の皆様にもわかりやすく伝えます。

竹林コメント● 今回の検証では、歩数増だけでなくヘルスリテラシー向上が見られました。ヘルスリテラシーの向上は、長期的な習慣化に繋がる可能性を秘めています。OZMA Nudge Social Design Unitは（株）オズマピーアールに設置されたナッジ・ユニットで、チラシはPR会社が作っただけあって、最後まで読みたくなるような魅力が詰まっています。このチラシにより歩数増加が継続できるようになると期待されます。

おわりに

ナッジに興味を持ってくださり、そして読んでくださり、ありがとうございました。

私がナッジの研究を始めた当初、「ナッジ？　こんなものは学問ではない」と相手にされないこともありました。その後、ナッジ提唱者のリチャード・セイラー教授がノーベル賞を受賞し、政府の戦略にもナッジが掲げられ、公衆衛生系の大学ではナッジがカリキュラムに含まれるようになってきました。さらには高校の英語の教科書にもナッジが紹介されたこともあり、ナッジの知名度は急速に高まっています。「時代は変わった」としみじみと感じています。

ナッジを研究するようになってから、私は「性格が穏やかになったね」と言われることが増えました。何しろ相手も自分も象なのです。相手の言動が多少気に食わなくても、「象のやることだから」と考えると、そんなに腹が立たなくなりました。意見を伝える時、相手の象に優しく接するようにしたら、すれ違いが起きにくくなりました。自分が思わずミスをした時には、「自分の象の管理不行き届きだった」と考えると、素直に謝れるようになりました。ナッジは私に平穏な暮らしをもたらしてくれました。

ナッジのおかげで、私はたくさんの仲間ができました。本書の執筆に当たっては、たくさんの仲間や先生方から御指導と御協力をいただきました。感謝の気持ちでいっぱいです。これからも私と仲良くしていただけると嬉しく思います。友情の証として、「さん」づけにて紹介させていただきます。

青森県　宮下宗一郎さん、宇野正さん、青森県立保健大学　吉池信男さん、青森大学　澁谷泰秀さん、秋田看護福祉大学　藤田碧さん、株式会社アドバンテッジリスクマネジメント　柏戸千絵子さん、大畑紫乃さん、伊勢法律事務所　田形祐樹さん、エーテンラボ株式会社　上村知聡さん、川口裕之さん、渋谷恵さん、村上真さん、愛媛県総合保健協会　元木伸也さん、株式会社オズマピーアール　OZMA Nudge Social Design Unit　藤本正太さん、福村知佐子さん、オリンパス株式会社　竹林紅さん、カゴメ株式会社　矢賀部隆史さん、信田幸大さん、環境省　池本忠弘さん、株式会社キャンサースキャン　福吉潤さん、万野智之さん、柏原宗一郎さん、慶應義塾大学　小池智子さん、後藤励さん、さんぎょうい株式会社　大内麻友美さん、柳弘介さん、産業医科大学　江口泰正さん、公益財団法人地域医療振興協会　川畑輝子さん、千葉大学　花里真道さん、DeSCヘルスケア株式会社　宮本昌典さん、松田知也さん、日本健康教育

学会若手の会　伊豆香織さん、谷内ななみさん、濱下果帆さん、吉井瑛美さん、日本健康経営ビジネス協議会ジュピター岡山　杉山佳久さん、ハーバード大学公衆衛生大学院　濱谷陸太さん、儚（ＨＡＫＡＮＡ）黒田倫太郎さん、株式会社バックテック　福谷直人さん、株式会社バリューＨＲ　菊地敬二さん、株式会社ＨＡＲＥＢＡＲＥ　壽山吉隆さん、まきば寿司　福村凛さん、美作大学　小山達也さん、公益財団法人明治安田厚生事業団　甲斐裕子さん、山形県立河北病院　深瀬龍さん、株式会社リンケージ　泉水貴雄さん、株式会社Ｌｉｎｋｈｏｌａ　野村恭子さん、小野真利さん、わたしの看護師さん　神戸貴子さん、竹林のｃｌｕｂｈｏｕｓｅや勉強会でディスカッションに参加してくださった会沢卓也さん、伊藤ゆり子さん、岡田英之さん、尾上今日子さん、小西貴さん、鈴川達也さん、高本玲代さん、丹保　晴彦さん、橋爪りょうさん、前田正彦さん、村本奈穂さん、森亜希さん、安田圭二さん、山本裕子さん、岡山版ナッジ・ユニットの皆さん、澤円さんとオンラインサロンの皆さん、順天堂大学　福田洋さんをはじめ、さんぽ会の皆さん、一般社団法人日本家族計画協会の皆さん、南砺市民病院　大浦誠さんをはじめ、マルモカンファレンスに参加された皆さん、尼崎版ナッジ・ユニットの皆さん、ＮＰＯ法人ＰｏｌｉｃｙＧａｒａｇｅの皆さん、横浜市行動デザインチームの皆さん、象のイラストを昔から描いてくださった絵本作家のすなやまえみこさん、そして企画から編集まで親身にサポートくださった扶桑社の犬飼孝司さんに、心から感謝を申し上げます。

冒頭で申し上げた通り、難波美羅さん、金田侑大さんという優秀な医学生の力で、本書は自分でも何度も読み返すくらい満足した出来になりました。最後の言葉は、この2人に託します。ありがとうございました。

青森大学社会学部　**竹林正樹**

＊＊＊＊＊

この度素敵なご縁をいただき、本書の執筆に携わらせていただきました。まずは竹林先生及びＳＰＡ！編集部の犬飼さまに深謝申し上げます。

「関心のある分野は何？」と聞かれると迷わず、「行動経済学です」と答えます。竹林先生との出会いから行動経済学を学び始め、気づいたときにはその面白さに完全に魅了されていました。「自分もバイアスの塊なんだ」「ナッジは医療現場含めこんな場面にも使われるんだ」と発見と感動の連続でした。これまで学んできた分野の中で最も身近で面白い！と心から思える学問に出会えたこと、とても幸せです。

私は行動経済学の学びを活かし、最近ではワクチン接種率向上に向けた施策を行動経済学の観点からまとめて論文の形で発表しています。私自身が普段学んでいる医学にも行動経済学がこのように融合されることで、現場で生きる価値が生み出せることを知りました。

本書を読まれた皆様はきっとこれから、象の習性やナッジへのアンテナが鋭く張るようになることと思います。ぜひこれを機に私のように、ナッジの世界にどっぷり浸っていただけたらこれ以上嬉しいことはありません。

改めて、大好きな行動経済学に出会えて幸せ者です！

慶應義塾大学医学部　**難波美羅**

＊＊＊＊＊

今回、書籍化という貴重な機会を下さった竹林先生、そしてＳＰＡ！編集部の犬飼様に、心より感謝申し上げます。また、書籍を読んでくださった方の中には、ナッジという言葉を初めて聞く方も多かったと思いますが、本書を通じて、ナッジは何も政策や公衆衛生といった集団に向けた話だけではなく、個人の日常生活など、身近なところにも潜んでいるものだということを実感しながら、楽しんでいただけましたら幸いです。

竹林先生はよく「経済学は合理性を追求する学問」と仰います。そして、勉強していく中で見つけたのは、合理的＝正解では必ずしもないということです。お酒を飲むことは健康のためには合理的ではないけれど、本人にとっては1杯ぐらいならストレスを解消するために仕方ないのかもしれない。ワクチン接種数／廃棄数を記録するのは国にとっては理想的だけれども、自治体担当者にとっては業務の負担が増えるだけかもしれない。医療でも同じで、最善・最適な治療法は個々人の環境や経済状況によっても大きく変わり、それを判断する力が求められます。竹林先生の元で学ばせていただく中で、問題がどこにあるのか、日々、冷静に見つめる視点が培われていると感じます。

何より、竹林先生と学ばせていただく中で出会えた難波さん、他の先生方との繋がりは、私にとっての宝物です。これからもまだ見ぬナッジの世界を、一緒に旅していけるのが楽しみです。

北海道大学医学部　**金田侑大**

9. 信田幸大，矢賀部隆史，竹林正樹．ナッジを用いた野菜摂取量推定機器の利用促進．日本健康教育学会誌．2023;31. Suppl.120.
10. Crum AJ, Langer EJ. Mind-set matters: Exercise and the placebo effect. Psychological science. 2007;18(2):165-171.
11. 川畑輝子，武見ゆかり，林芙美，他．医療施設内コンビニエンスストアにおけるナッジを活用した食環境整備の試み；フードシステム研究 .2021; 27:226-231.
12. Japan S.【スウェーデン】「楽しさ」が人々の行動を変える。フォルクスワーゲンが提唱する「ファン・セオリー」. Available at: https://sustainablejapan.jp/2014/07/03/funtheory/10978.
13. 柏の葉アーバンデザインセンター . WALK & HEALTH KASHIWA-NO-HA. Available at: https://hpd.cpms.chiba-u.jp/Projects/KW/.
14. 森井大一，松村真宏．真実の口を模した仕掛けによる病院来訪者の手指衛生行動への介入 . Available at: https://www.shikakeology.org/pdf/TBC2019010.pdf.
15. Takebayashi M, Takebayashi K. Control experiment for health center users to compare the usage of hand sanitizers through nudges during the COVID-19 pandemic in Japan. International Research Journal of Public and Environmental Health. 2021;8(6):299-303.
16. Allcott H. Social norms and energy conservation. Journal of public Economics. 2011;95(9-10):1082-1095.
17. 環境省 . レジ袋チャレンジ . Available at: https://plastics-smart.env.go.jp/rejibukuro-challenge/?fbclid=IwAR2_X9P_IcjkvjfyRpiaO1OjVutZ4dUL2bxClwwRjjtB6uqCVSvGg5jNhec.
18. FoodPrint. How restaurants are tackling waste. Available at: https://foodprint.org/blog/restaurants-food-waste/.
19. 横浜市 . ナッジを活用した食品ロス削減 . Available at: https://www.city.yokohama.lg.jp/kurashi/sumai-kurashi/gomi-recycle/sakugen/foodloss-nudge.html.
20. WHO. Guidance on COVID-19 for the care of older people living in long-term care facilities, other non-acute care facilities and at home. Available at: https://apps.who.int/iris/bitstream/handle/10665/331913/COVID-19-emergency-guidance-ageing-eng.pdf?sequence=8&isAllowed=y&fbclid=IwAR1GM1tBW-GOK0j9BYe26rwN6P6SEuDAJuD0QsvEQQb0wU-5nMlXjVkDOt0.
21. 村上真，川口裕之，上村知聡，渋谷恵，竹林正樹．宣言型健康アプリによる歩数への影響の検証．日本健康教育学会誌．2023;31. Suppl.121.

響力の武器 実践編―「イエス!」を引き出す 50 の秘訣 . 誠信書房 .2009.
14. Coleman S. The Minnesota income tax compliance experiment: State tax results. Available at: https://mpra.ub.uni-muenchen.de/4827/1/MPRA_paper_4827.pdf.
15. 国立研究開発法人国立がん研究センター . がん統計 . Available at: https://ganjoho.jp/reg_stat/index.html.
16. Martin SJ, Bassi S, Dunbar-Rees R. Commitments, norms and custard creams–a social influence approach to reducing did not attends (DNAs). Journal of the Royal Society of Medicine. 2012;105(3):101-104.
17. 8 番と同じ文献
18. Small DA, Loewenstein G, Slovic P. Sympathy and callousness: The impact of deliberative thought on donations to identifiable and statistical victims. The Feeling of Risk: Routledge; 2013:51-68
19. Picone G, Sloan F, Taylor D. Effects of risk and time preference and expected longevity on demand for medical tests. Journal of Risk and Uncertainty. 2004;28(1):39-53.
20. 8 番と同じ文献
21. Dai H, Saccardo S, Han MA, et al. Behavioural nudges increase COVID-19 vaccinations. Nature. 2021;597(7876):404-409.
22. 竹林正樹 , 小山達也 , 千葉綾乃 , 吉池信男 . 大学生を対象にした健康教育関連シンポジウムのチラシにおけるナッジ別の参加意欲の検証―ランダム化比較試験―. 日本健康教育学会誌 . 2022;30(3):240-247

第 3 章

1. Ida T, Goto R. Interdependency among addictive behaviours and time/risk preferences: Discrete choice model analysis of smoking, drinking, and gambling. Journal of Economic Psychology. 2009;30(4):608-621.
2. チップ・ハース, ダン・ハース [著], 千葉敏生 [訳]. スイッチ !: 「変われない」を変える方法 . 早川書房 .2013.
3. レヴィットS, ダブナー S [著], 櫻井祐子 [訳]. 0 ベース思考 : どんな難問もシンプルに解決できる . ダイヤモンド社 .2015.
4. 黒川博文 , 佐々木周作 , 大竹文雄 . 長時間労働者の特性と働き方改革の効果 . 行動経済学 . 2017;10:50-66.
5. 大平久美 , 中村絵美 , 杉本理恵 , 廣田昌彦 . 残業削減の取り組み : ユニフォーム 2 色制の効果 (連続特集 業務改善 : 人・物・しくみ (3) 業務改善の評価). 看護実践の科学 = The Japanese journal of nursing science. 2017;42(3):24-32.
6. Van Ittersum K, Wansink B. Plate size and color suggestibility: The Delboeuf illusion's bias on serving and eating behavior. Journal of Consumer Research. 2012;39(2):215-228.
7. 齋藤宥希 , 小松聖佳 , 森優花 , 梶山静夫 , 今井佐恵子 . 食べる順番の違いが血糖指標に与える影響 : 主菜を最初に食べた場合 : 無作為化比較クロスオーバー試験 . 京都女子大学食物学会誌 .2022;76:1-8.
8. Cochran W, Tesser A. The" what the hell" effect: Some effects of goal proximity and goal framing on performance. Striving and feeling: Psychology Press; 2014:99-120.

Health Lifestyle Interventions: A Systematic Literature. Health Education & Behavior.
21. セイラー RH, サンスティーン CR [著], 遠藤真美 [訳]. 実践行動経済学 . 日経 BP . 2009.
22. JAF. シートベルト着用状況調査（2022 年調査結果）. Available at: https://jaf.or.jp/common/safety-drive/library/survey-report/2022-seatbelt.
23. Wells GL, Petty RE. The effects of over head movements on persuasion: Compatibility and incompatibility of responses. Basic and applied social psychology. 1980;1(3):219-230.
24. Shiv B, Fedorikhin A. Heart and mind in conflict: The interplay of affect and cognition in consumer decision making. Journal of consumer Research. 1999;26(3):278-292.
25. Redelmeier DA, Kahneman D. Patients' memories of painful medical treatments: Real-time and retrospective evaluations of two minimally invasive procedures. pain. 1996;66(1):3-8.
26. 8 番と同じ文献
27. Takebayashi M, Yoshiike N, Koyama T, Toriyabe M, Nakamura H, Takebayashi K. Validation of the most cost-effective nudge to promote workers' regular self-weighing: a cluster randomized controlled trial. Scientific Reports. 2022;12(1):15501.
28. 川西 諭 , 田村 輝之 . グリット研究とマインドセット研究の行動経済学的な含意―労働生産性向上の議論への新しい視点―. 行動経済学 . 2019;12:87-104

第 2 章

1. 国立研究開発法人国立がん研究センター . がん統計 . Available at: https://ganjoho.jp/reg_stat/index.html.
2. 厚生労働省 . 健康寿命延伸プラン . Available at: https://www.mhlw.go.jp/content/12601000/000514142.pdf.
3. ドラッカー PF[著], 上田惇生 [訳]. マネジメント [エッセンシャル版]: 基本と原則 . ダイヤモンド社 ; 2001.
4. 厚生労働省 . 受診率向上施策ハンドブック .
5. レヴィット S, ダフナー S [著], 櫻井祐子 [訳]. 0 ベース思考 : どんな難問もシンプルに解決できる . ダイヤモンド社 .2015.
6. 5 番と同じ文献
7. Leventhal H, Singer R, Jones S. Effects of fear and specificity of recommendation upon attitudes and behavior. J Pers Soc Psychol. 1965;2:20-29.
8. 厚生労働省 . 受診率向上施策ハンドブック（第 2 版）.
9. 溝田友里 . ナッジやソーシャルマーケティングなどの行動科学的アプローチを活用したがん検診受診勧奨の取り組み . Available at: https://www.mhlw.go.jp/content/10901000/000514745.pdf.
10. Ariely D, Wertenbroch K. Procrastination, deadlines, and performance: Self-control by precommitment. Psychological science. 2002;13(3):219-224.
11. 金野理和 . つくば市のナッジの取組み . 都市とガバナンス / 日本都市センター 編 . 2023(39):39-42.
12. OECD. OECD. Stat. Available at: https://stats.oecd.org/.
13. ゴールドスタイン NJ, マーティン SJ, チャルディーニ RB ［著］, 安藤清志 , 高橋紹子 [著]. 影

参考文献

第１章

1. 国立研究開発法人国立がん研究センター．がん統計．Available at: https://ganjoho.jp/reg_stat/index.html.
2. 希望の虹プロジェクト．受診率を上げるための基礎知識．Available at: https://rokproject.jp/kenshin/knowledge2.html.
3. 住友生命保険相互会社．スミセイ「わが家の防災」アンケート 2022. Available at: https://www.sumitomolife.co.jp/about/newsrelease/pdf/2021/220302.pdf.
4. ジョナサン・ハイト［著］, 高橋洋［訳］. 社会はなぜ左と右にわかれるのか――対立を超えるための道徳心理学．紀伊國屋書店．2014.
5. Baumeister RF, Bratslavsky E, Muraven M, Tice DM. Ego depletion: Is the active self a limited resource? Self-regulation and self-control: Routledge; 2018:16-44.
6. Danziger S, Levav J, Avnaim-Pesso L. Extraneous factors in judicial decisions. Proceedings of the National Academy of Sciences. 2011;108(17):6889-6892.
7. Baumeister RF, Bratslavsky E, Muraven M, Tice DM. Ego depletion: Is the active self a limited resource? Self-regulation and self-control: Routledge; 2018:16-44.
8. ダニエル・カーネマン［著］, 村井章子［訳］. ファスト & スロー．早川書房．2014.
9. Namba M, Kaneda Y, Kotera Y. Breaking down the stigma: Reviving the HPV vaccination trust in Japan. QJM. 2023 Jun 20:hcad146.
10. Simms KT, Hanley SJB, Smith MA, Keane A, Canfell K. Impact of HPV vaccine hesitancy on cervical cancer in Japan: a modelling study. Lancet Public Health. 2020.
11. Sakata R, McGale P, Grant E, Ozasa K, Peto R, Darby S. Impact of smoking on mortality and life expectancy in Japanese smokers: a prospective cohort study. BMj. 2012;345.
12. 厚生労働省．令和元年国民健康・栄養調査報告 第3部 生活習慣調査の結果．Available at: https://www.mhlw.go.jp/content/000711008.pdf.
13. Lawless L, Drichoutis AC, Nayga RM. Time preferences and health behaviour: a review. Agricultural and Food Economics. 2013;1:1-19.
14. 阿部 修士．より良い意思決定の実現に向けて：脳とこころの傾向と対策．日本健康教育学会誌．2018;26(4):404-410.
15. Ida T, Goto R. Interdependency among addictive behaviours and time/risk preferences: Discrete choice model analysis of smoking, drinking, and gambling. Journal of Economic Psychology. 2009;30(4):608-621.
16. Ferrer R, Klein W, Lerner J, Reyna V, Keltner D. Emotions and health decision making. Behavioral economics and public health. 2016:101-132.
17. 大島 明．たばこ対策におけるナッジ(Nudge)の採用とその限界．保健の科学．2013;55(5):321-325.
18. Benartzi S, Beshears J, Milkman KL, et al. Should governments invest more in nudging? Psychological science. 2017;28(8):1041-1055.
19. 川畑輝子, 武見ゆかり, 林芙美他．医療施設内コンビニエンスストアにおけるナッジを活用した食環境整備の試み．フードシステム研究．2021;27(4):226-231.
20. Ledderer L, Kjaer M, Madsen EK, Busch J, Fage-Butler A. Nudging in Public

竹林正樹（たけばやし・まさき）

青森県生まれ。青森大学客員教授。立教大学経済学部卒業後、University of Phoenix 大学院にて MBA を取得。青森県立保健大学大学院博士課程修了（博士〈健康科学〉）。行動経済学を用いた公衆衛生を研究。政府の日本版ナッジ・ユニット有識者委員などを通じて行政や企業のナッジ戦略を支援。軽妙な津軽弁で年間 200 回以上の講演を行っている。TEDxGlobisU で「心の中のゾウと仲良くなると、人は動く」は 80 万回以上再生

心のゾウを動かす方法

発 行 日　2023 年 10 月 1 日　初版第1刷発行

著　　者　竹林正樹
発 行 者　小池英彦
発 行 所　株式会社　扶桑社
〒105-8070
東京都港区芝浦1-1-1 浜松町ビルディング
電話　03-6368-8875（編集）
03-6368-8891（郵便室）
http://www.fusosha.co.jp/

執 筆 協 力　難波美羅　金田侑大
装丁・カバーイラスト・本文デザイン・DTP　中西啓一(panix)
印刷・製本　サンケイ総合印刷株式会社

定価はカバーに表示してあります。
　ISBN 978-4-594-09379-2